人間関係の
生涯発達心理学

大藪 泰・林もも子・小塩真司・福川康之 共著

丸善出版

まえがき

　人間が生きるということは，個としての生命を生き，関係としての生活を生きることです．人間が経験する他者との関係は，他の生物が経験するそれとはおそらく非常に異なっています．それは赤ちゃんの時代からそうだと思います．

　生まれたばかりの赤ちゃんを想像してみてください．赤ちゃんは誕生によって母体から切り離されます．そして母親とは異なる身体をもつ個体として生きはじめます．しかし，人の母と子の身体にはきわめて豊かな情動が組み込まれています．それゆえ，どちらかが微笑めば，相手も自然に微笑むというように情動が共鳴し合い，二人の身体にはほぼ自動的に同じような振る舞いが生じます．その様子を見ていると，二つの身体はあたかも一つであるかのように感じられます．人間の身体には，他者と共感しながら結びつき，お互いの体験世界を共有しあおうとする情動が赤ちゃん時代から働いているからです．

　このような身体に宿り，身体と一緒になって働く赤ちゃんの心は，いつしかこうした共有世界を基盤にして，より高次な精神活動の構築を目指すようになったと考えられます．情動的に共鳴し合う自他の身体に出会い，自分の情動を反映し返してくれる他者と関わるとき，赤ちゃんは自分が他者に向けるのと同じ精神的経験を他者にも見いだすのです．そこには，自らの視点を身体から切り離し，共同世界を構築する「自己」や「他者」に気づき，それらを鳥瞰的に見る萌芽的な視点が出現しています．さらに赤ちゃんは，自分の身体に生じた情動に気づき，その気づきは情動の共鳴性を梃子にして他者の心の世界に対する気づきを深めてもいきます．こうして人の心は，自己や他者，そしてモノという存在に気づき，それらを明確に切り分け，同時に結びつけながら，自らの生活世界を組織化していったのだと思います．なぜなら，自他の心の世界やその動き，それらとモノとの関係に気づくことは，他者の意図や願いを読み，他者が将来行う可能性がある行動に対して有効な対処を可能にさせることになるからです．それは，言うまでもなく，社会的な有能性と適応力を豊かにさせる能力にほかなりません．

　自他の心の世界を同時に展望できる心を獲得した人間は，他者に話しかけるときも，他者から話しかけられるときも，心の中で自己の声を聞き，同時に他者の声を聞いています．つまり，自己の声には多くの他者がひそみ，他者の声には自己の声が反映されているのです．このように屈折した自他を経験する心の働き

は，おそらく人間に特有なものだと思います．そこにはきわめて人間らしい喜びや悲しみ，そして苦悩が出現してくる機縁があります．

　こうした心をもつ人間が他者との関係を生きるということは，自らがもつ欲求や願望の実現と他者のそれとをバランスよく統合させ，そこに自分らしい「意味」の世界を作りだすことです．そして，その意味世界を豊かなものに構築し続けてゆくことです．その意味構築のプロセスは，それぞれの発達段階に特有な生態環境のなかで複雑につむぎ出され，死をむかえるまで継続します．人は死ぬまぎわまで，命を喪失する過程と向き合う自己と出会い，親密な関係にあった他者を思い，意味世界を生き続ける存在なのだと思います．

　発達心理学に生涯発達の視点が重要であることは申すまでもありません．事実，その視点は古くからありました．しかし，生涯発達心理学が心理学の世界に広く本格的に現れたのは近年のことになります．誕生してから，死を迎えるまでの人の心の発達を描き出すことは，それが自らの心であるがゆえに難しいことなのです．

　生涯発達心理学というとき，それは単に受精から死に至るまでの精神機能の特徴を，時間軸に沿って発達段階別に論じればよいわけではありません．子どもの発達を一つの章として論じ，そこに成人や高齢者の心理を扱った章を継ぎ足せば生涯発達心理学になるわけではありません．生涯という時間の流れのなかで，幼少期から高齢期までの精神生活の移り変わりを，相互に比較可能な視点から，一定の展望ができる世界として描き出すことが必要になるからです．

　本書は，人間に特有な心の世界を，自己／他者／意味が発現し，豊かな表象活動をとおして統合され続ける世界としてとらえ，そこに出現する特有な人間関係を発達段階ごとに吟味しながら，「生涯発達」という視点から展望しようとするものです．人間関係は，誕生から死まで，人間の心が連綿として気づかい続ける対象であり，また心の健康を支える重要な要因でもあるからです．

　本書が想定する読者層は，人間の心の発達を初めて学ぼうとする学部学生などです．しかし，最新の知見も随所に記載されており，研究者にとっても新しい内容を備えています．人間の生涯発達に関心のある多くの方々に本書が活用されることを願っています．

　コラムをご執筆いただいた皆様には，興味深い内容をお書きいただき，本書が

カバーする領域を大きく広げることができました．また，丸善出版株式会社と企画・編集部の松平彩子さんからは，本書の作成をお勧めいただき，企画をこころよく受け入れていただきました．最後になりましたが，皆様に心より感謝申し上げます．

2014年8月3日

執筆者を代表して

大藪　泰

執 筆 者 一 覧

(50音順，[ ]内は執筆箇所)

大藪　　　泰　　早稲田大学文学学術院　教授［1～5章］
小塩　真司　　早稲田大学文学学術院　教授［8～10章］
林　　もも子　　立教大学現代心理学部　教授［6, 7章］
福川　康之　　早稲田大学文学学術院　教授［11～13章］

＜コラム執筆者＞
池田　幸恭　　和洋女子大学人文社会科学系　准教授［8章コラム］
太田　裕一　　静岡大学保健センター　准教授［7章コラム］
髙坂　康雅　　和光大学現代人間学部　准教授［9章コラム］
権藤　恭之　　大阪大学人間科学部　准教授［13章コラム］
杉本　英晴　　中部大学人文学部　助教［10章コラム］
髙田　　治　　横浜いずみ学園　園長［6章コラム］
玉井　真理子　　信州大学医学部　准教授［2章コラム］
丹下　智香子　　国立長寿医療研究センター　NILS-LSA活用研究室　研究員［12章コラム］
永田　雅子　　名古屋大学発達心理精神科学教育研究センター　准教授［3章コラム］
仲野　真史　　東京学芸大学附属特別支援学校　教諭［5章コラム］
根ヶ山　光一　　早稲田大学人間科学学術院　教授［1章コラム］
長谷川　智子　　大正大学人間学部　教授［4章コラム］
細渕　富夫　　埼玉大学教育学部　教授［4章コラム］
山崎　幸子　　文京学院大学人間学部　准教授［11章コラム］

目　　次

第1章　発達心理学における生涯発達 …………………………………… 1

1. 児童心理学から生涯発達心理学へ ………………………………… 1
2. 生涯発達と段階論 …………………………………………………… 4
   1) ハヴィガーストの発達課題　4
   2) エリクソンの発達段階　5
3. 生涯発達と生態論 …………………………………………………… 7
4. 生涯発達と関係論 …………………………………………………… 8
   1) システム　9
   2) 順序と系列　10
   3) 後成と創発　10
5. 自己／他者／意味と生涯発達 ……………………………………… 11

　コラム　アロマザリングから見た子どもの発達　14

第2章　胎児期 ……………………………………………………………… 15

1. 妊娠することの意味 ………………………………………………… 15
   1) 妊娠を待望した時代　15
   2) 妊娠を選択する時代　16
2. 妊娠から出産へ ……………………………………………………… 18
   1) 妊娠に気づくとき　18
   2) 胎動を感じるとき　19
   3) わが子を胸に抱くとき　19
3. 胎児の運動と感覚 …………………………………………………… 20
   1) 卵体期　20
   2) 胎芽期　21
   3) 胎児期　22

　コラム　出生前診断とわたしたち　24

第 3 章　新生児期 ……………………………………………………… 25

  1　乳児観の変化——無能から有能へ ………………………………… 25
  2　泣き・目覚め・眠り ………………………………………………… 26
  3　人を志向する感覚 …………………………………………………… 27
    1）視覚　27
    2）聴覚　28
  4　微笑がもつ働き ……………………………………………………… 29
  5　新生児の自己感 ……………………………………………………… 30
  6　新生児模倣と他者感 ………………………………………………… 31
  7　社会的脳 ……………………………………………………………… 32
  コラム　NICU の赤ちゃんの人間関係　34

第 4 章　乳児期 ………………………………………………………… 35

  1　情動の働き …………………………………………………………… 35
  2　乳児の自己感 ………………………………………………………… 36
    1）対人自己感　36
    2）身体自己感　36
  3　乳児の他者感 ………………………………………………………… 37
    1）人とモノの区別　38
    2）他者の体験世界の気づき　38
    3）他者の行動の意図の理解　39
  4　自己感と他者感の発生モデル ……………………………………… 42
  5　意味に気づくとき …………………………………………………… 44
    1）行動の意味　44
    2）物の意味　44
  コラム　重症心身障害児の人間関係　46
  コラム　乳児期：赤ちゃんの食と人間関係　47

第5章　幼児期······48

1　表象・ことば・鏡像······48
  1）表象能力　48
  2）ことばの世界　49
  3）鏡像自己感　50
2　心の理論······51
  1）誤信念の理解　51
  2）他者の経験知の理解　53
3　アタッチメント······54
  1）アタッチメント研究の始まり　54
  2）アタッチメントの安定・不安定　55
  3）アタッチメントと心の理論　56
4　家庭から地域社会へ──アタッチメント対象と意味世界······56
  コラム　自閉症臨床からみた発達：SCERTS モデルの発達観　59

第6章　児童期······60

1　小学生になるということ······60
2　児童期のアタッチメント······62
3　自我と超自我を育てる，安心なアタッチメント関係······63
4　アタッチメント・スタイル······66
5　集団同一性と不登校······67
  コラム　施設で暮らす子どもの人間関係　71

第7章　思春期（青年期初期）······72

1　思春期の始まり······72
2　情動調整を助けるアタッチメント関係······73
3　思春期における孤独の体験······74
4　思春期の適応と不適応──防衛機制の視点から······75
  1）不適応的な防衛機制　76

2）適応的な防衛機制　80
　　3）思春期の子どもの心を育てる環境　82
　コラム　SNSと思春期　84

第8章　青年期中期 ……………………………………… 85

1　青年期中期の特徴 ………………………………………… 85
　　1）青年期中期という時期　85
　　2）何に悩むか　86
　　3）進路を選ぶ　87
2　仲間関係の広がり ………………………………………… 88
　　1）仲間関係とは　88
　　2）友人関係の発達　89
　　3）友人関係の希薄化　90
3　自分自身を捉え直す ……………………………………… 90
　　1）自己概念の発達　90
　　2）自尊感情の変化　92
　　3）アイデンティティの探求　93
4　青年期中期の自己の再構築 ……………………………… 94
　コラム　親に感謝するこころ　96

第9章　青年期後期 ……………………………………… 97

1　青年期後期の特徴 ………………………………………… 97
　　1）おとなか子どもか　97
　　2）成人形成期　98
2　大学生活の意義 …………………………………………… 98
　　1）進学率の変化　98
　　2）大学への適応　99
　　3）学生のタイプ　100
3　異性との関係 ……………………………………………… 101
　　1）異性と親密になる　101

2）恋愛スタイル　102
　　　3）アイデンティティのための恋愛　103
　4　就職 ………………………………………………………………… 105
　　　1）求められる人材　105
　　　2）進路未決定　106
　　　3）アイデンティティ地位　106
　　　4）就職活動による自己成長　107
　5　社会との関わりの中で ……………………………………………… 108
　　コラム　恋人を欲しいと思わない青年の特徴　109

第10章　成人期 ……………………………………………………… 110

　1　結婚と離婚 …………………………………………………………… 110
　　　1）結婚年齢の変化　110
　　　2）離婚率　111
　　　3）離婚におよぼす影響要因　112
　2　親になること ………………………………………………………… 113
　　　1）出生率　113
　　　2）子どもを生むことによる変化　115
　　　3）子育てがうまくいかない母親　116
　　　4）パートナーとして　118
　4　成人期の課題 ………………………………………………………… 119
　　　1）成人期前期の課題　119
　　　2）成人期後期の課題　120
　　コラム　他者とのよりよい関係を築くための「キャリア」選択　122

第11章　前期高齢期 …………………………………………………… 123

　1　老化と老成自覚 ……………………………………………………… 123
　2　高齢者としてのアイデンティティ ………………………………… 125
　3　老成自覚とエイジズム ……………………………………………… 127
　4　老年期の自尊感情 …………………………………………………… 128

   5　老成自覚と健康 …………………………………………………… 130
  コラム　高齢者の閉じこもりと人間関係　133

第12章　後期高齢期 ……………………………………………… 134

   1　すすむ社会の高齢化 ……………………………………………… 134
   2　孤独になる ………………………………………………………… 136
   3　大切な人と別れる ………………………………………………… 138
   4　人間関係を作り直す ……………………………………………… 139
   5　老いた自分に寄り添う …………………………………………… 141
  コラム　死に対する態度と人間関係　144

第13章　超高齢期 ………………………………………………… 145

   1　寿命と人生の第9段階 …………………………………………… 145
   2　パーソナリティの加齢変化と老年的超越 ……………………… 147
   3　おばあさん仮説と世代間の互恵的関係 ………………………… 148
   4　介護者と出会う …………………………………………………… 150
   5　認知症の自分と出会う …………………………………………… 152
   6　幸福な老いを求めて ……………………………………………… 153
   7　エピローグ ………………………………………………………… 154
  コラム　日本の百寿者研究　156

引用・参考文献　157
索引　173

第1章
発達心理学における生涯発達

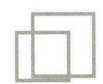

　私たち人間の心身の発達的な変化は，精子と卵子の受精で始まり，死によって終わる．生命は死を予定して誕生するのであり，生には死が組み込まれている．これは動かしがたい事実である．それゆえ，発達心理学が人の心身の発達を問題にするとき，胎児から老人までを含む生涯の発達を取りあげるのは自明のことのように思われよう．しかし，発達心理学は，長きにわたり，子どもの心身の発達を主たる研究対象にしてきた．発達心理学といわれる領域は，かつては欧米でもわが国でも児童心理学と呼ばれていたのである．それはなぜなのだろうか．そして，生涯発達心理学は，なぜ発達心理学ではなく，「生涯発達心理学」と命名しなければならないのだろうか．

1　児童心理学から生涯発達心理学へ

　西欧の中世社会（ほぼ5世紀から15世紀）では，児童と大人との間にほとんど区別がなかった．子ども用の玩具はなく，大人と同じように扱われ，絵には大人を小型化したような子どもが描かれていた（図1-1）．児童という概念が確立されるのは19世紀の終わりだとされる（アリエス，1960/1980；藤永，1992）．
　社会に富が蓄積されだした17世紀ころから，段階化されたプログラムをもつ教育制度をそなえた学校が出現し，子どもについての知識が求められだした（アリエス，1960/1980）．発達心理学（児童心理学）の思想的基盤は，こうした社会的な動きと並行して出現した．イギリス経験主義哲学者のロック（Lock, J.）は，子どもの心を**タブラ・ラサ**（tabula rasa［ラテン語］），つまり白紙であって邪悪なものではなく，経験によって高次な認識が形成されると主張した．他方，フランスの教育思想家ルソー（Rousseau, J. J.）は，子どもの素質と個性を

強調し，生得的な発達のプランがそなわっているると論じた．いわゆる「氏か育ちか」の論争である（村田，1992）．

19世紀には，ダーウィン（Darwin, C.）が**進化論***を提唱した．人間は**自然選択***によって進化した高等な動物であり，個人の発達はこの進化（系統発生）を反復するものだと論じられた．この進化論的な発達観は，発達心理学の父と称されるドイツのプライヤー（Preyer, W.）やアメリカのホール（Hall, G. S.）を経て，20世紀前期から中期に活躍したビネー（Binet, A.），ゲゼル（Gesell, A.），ウェルナー（Werner, H.），ヴィゴツキー（Vygotsky, L. S.），ピアジェ（Piaget, J.）などに大きな影響を与えた．彼らの発達論は，いずれも成人の高等な能力をゴールとした児童中心のものであった（村田，1987；1992）．

図1-1　中世の絵に描かれた子ども（Berk, 1999, p.9）子どもの衣服，表情，活動は大人とそっくりである．児童期が成人期とは異なる特有な時期とはみなされなかった

発達心理学は時代の影響を強く受けやすい．18世紀の産業革命以降，急激な社会構造の変化に直面し，高度な知識や技術をもつ有能な人材を必要とした西欧社会は，子どもの教育に高い関心を抱いた．子どもの能力を知り，それを育てる必要を感じた時代は，児童の発達研究を強くあと押ししたのである．

発達という用語もまた児童中心の考えを導きやすい．それは，欧米語でも同じで，英語の "development" やドイツ語の "Entwicklung" など，いずれも包まれ隠されていたものが，しだいに展開していくことを意味している．そこには，新しいものの創発ではなく，潜在していたものが顕現化するという**前成説**（preformationism）的な視点が存在する．こうした見方からは，成人こそが完成形，つまり**完態**（complete form）とみなされやすい．この完態という用語は，生物学用語であり，心理学は生物学的完態を人間的完態として，また機能的成熟を人格的成熟としてとらえてきた（岡本，1992；矢野，1995）．

こうした状況のもとで，発達心理学は児童心理学である時代が長く続いた．**生**

涯発達心理学（life-span developmental psychology）は，児童期という特定の発達段階を説明すればよしとする発達観とは異なる視点から，20世紀後半に登場した．そこでも時代の大きな変化が影響していた．高齢者人口の増加という現象である．

　先進諸国は，20世紀後半，高齢化社会に入っていった．人生80年の時代を迎え，成人期以降の生き方をどうとらえるかは大きな問題になった．現在，発達心理学は，この人生の後半期をいかにみずからの研究領域に組み込み，理論化できるかが問われている．この問いに向かい合おうとする生涯発達心理学は，従来の児童心理学に成人や老人の心理学をつぎたし，胎児から老人までの年齢別の発達研究を寄せ集めればよいわけではない．それは，幼少期から高齢期までの人間の精神世界に通底する基盤とその発達を説明するメカニズムを見いだし，その展望を可能にする視点と理論を提示しようとするものである．

　生涯発達研究の大御所ともいえるラーナーは，人間発達の生涯発達的アプローチの基盤作りに，1960〜70年代に活躍した乳児研究者であるベル（Bell, R. Q.），ルイス（Lewis, M.），ラム（Lamb, M. E.）らが主張した関係論的視点が重要な役割を演じたと述べている（Lerner, R. M., 2010）．彼らは，乳児の発達を，豊かに影響しあう生態から孤立した2者関係という単純な相互作用的観点や，遺伝や初期経験の影響を強調する還元主義的な視点から見ることに批判的である．生涯発達研究は高齢者人口の増加と関連する一方で，その研究のアプローチにはこうした乳児研究の視点が最初から組み込まれていた．

　近年の**ブレイン・サイエンス***は，学習や記憶に重要な役割を演じている海馬などでは，新しい**ニューロン***が生涯にわたって生成され続けること，さらに脳の構造や機能の向上的変化は，若年期ほどではないが成人期以降も続くことを明らかにした．人間の認知能力は，一般に，20歳以降には加齢にともなって低下する．しかし，健康な老人では，低下した認知能力をおぎなうように脳を効率よく活動させて課題解決をする新たな能力が生まれる可能性があり，また語彙能力や創造力などは生涯にわたって向上する．人の脳は一生をつうじて学習することが可能である（OECD, 2007/2010）．生涯発達心理学は，さまざまな学問分野を融合させながら展開されるが，脳科学からの知見もきわめて有用になってきている．

2　生涯発達と段階論

　発達心理学が児童心理学と呼ばれていた時代に，生涯発達を想定した発達観がなかったわけではない．20世紀半ばに，ビューラー（Bühler, C.）は生涯（Lebenslauf［独］）を心理学研究の問題とし，オールポート（Allport, G. W.）は成人期の重要さを**生成***という用語で主張した．また，マズロー（Maslow, A. H.）は**生理的欲求***から**自己実現欲求***へと向かう階層構造を論じ，青年期以降の時期を重視した．ここでは，人がその生涯で出会う発達課題を指摘したハヴィガースト（Havighurst, R. J.）とエリクソン（Erikson, E. H.）の発達段階論を紹介しておきたい．

1）ハヴィガーストの発達課題

　発達課題とは，人が健全に発達するために，適切な時期に獲得ないし達成しなければならないものである．課題解決に失敗すると，その後の課題解決も困難になり，社会に不適応を起こしやすい．ハヴィガーストの発達課題は，欧米的な文化へのかたよりや現代にそぐわないものもあるが，社会適応に必要な示唆に富む内容を提供している．

　① 乳幼児期

　　歩行／固形食の摂取／話すこと／排泄習慣の自立／性の相違と慎みの学習／睡眠や食事の生理的リズム／人との情緒的な結びつき／正・不正の区別

　② 児童期

　　身体的ゲームに必要な身体技能／自己に対する健全な態度／同年輩と仲よくする／性役割の学習／読み・書き・計算の基礎能力／日常生活に必要な概念の発達／良心・道徳性・価値判断の発達／人格の独立性／社会的集団に対する民主的な態度

　③ 青年期

　　同年齢の異性との成熟した関係／身体構造と性役割の理解／親からの情緒的独立／経済的独立への自信／職業の選択と準備／結婚と家庭生活の準備／市民として必要な知的技能と概念／社会的に責任のある行動の遂行／行動の指針となる価値や倫理体系

　④ 壮年期

　　配偶者の選択／結婚相手との生活／子どもとの家庭生活／子どもの養育／

家庭の管理／就職／市民的責任の負担／適切な社会的ネットワークの形成
⑤ **中年期**
　　大人としての市民的責任の達成／一定の経済的生活の確立と維持／青年が信頼でき幸福な大人になれるように援助／余暇活動の充実／自分とその配偶者を一人の人間として結びつけること／中年期の生理的変化の理解と適応／老年の親への適応
⑥ **老年期**
　　肉体的な強さと健康の衰退への適応／隠退と収入の減少への適応／配偶者の死への適応／同年輩の仲間との親密な関係の確立／社会的役割の受容

2) エリクソンの発達段階

　エリクソン（1959/1973 など）は，フロイト（Freud, S.）の**心理-性的**な発達論に，社会や文化からの影響を組み込み，**心理-社会的**な視点から見た自我の発達段階を論じた．各発達段階には，発達課題ともいえる**危機**が存在する．エリクソンは，この危機の解決を社会的な関係の中でどう解決するかを問題にした．また，青年期や成人期における心理-社会的危機の解決の重要性を指摘し，子ども時代を**自我**の発達の決定因とする発達観に修正をせまった（村田，1992）．人間の発達を，個体，社会や文化，そして全生涯といった複合的な視点から見ることを主張したこの発達段階論は，生涯発達心理学の先駆けといえる内容をそなえている．

第 1 段階：乳児期　＜基本的信頼-基本的不信＞
　　基本的信頼感の獲得と不信感の克服が発達課題になる．基本的信頼感は養育者が与える心身の安全感と安心感から獲得される．それは，外界と自分自身に対する信頼感からなる．基本的信頼感は，未知の世界への探究心を育てる．

第 2 段階：幼児期前期　＜自律性-恥，疑惑＞
　　自律感の獲得と恥や疑惑の克服が求められる．自我が発達し，自己主張をする．養育者がこの意欲を尊重すると自律感が育つ．養育者が，子どものスキルの未熟さをあげつらい，意欲を否定すると自信を失う．

第 3 段階：幼児期後期　＜自発性-罪悪感＞
　　自発性の獲得と罪悪感の克服が発達課題になる．子どもの自発的な活動は養育者がもつ規範と対立しやすい．適切なしつけをして，自発性を支持する必要がある．過剰なしつけは，罪悪感を引きだし，自尊心を傷つける．自発性と他

者の権利の両立が求められる．

第4段階：学童期　＜勤勉性−劣等感＞

勤勉感を獲得し劣等感を克服することが必要とされる．小学校で社会が必要とするスキルの学習が始まる．この学習の成否が有能感をはぐくみ，子どもの勤勉感を育てる．自分の努力や成果が認められなければ劣等感を抱くことになる．

第5段階：青年期　＜同一性−同一性拡散＞

「私は何者か？」が問われる．身体，精神，性の成熟が，新たな自分を生み出す．自分の能力，生活史，価値観，対人関係，文化を統合させて，一貫した**自我同一性**を獲得する．同一性が拡散すると，自分が希薄化し，生きる目標を見失う．

第6段階：成人前期　＜親密性−孤立感＞

安定した同一性のもとで，他者を気づかい，他者と経験を共有する親密性を育てる．友人との協力関係，円満な結婚や家庭生活が重要になる．他者との親密な関係がもてないと，深い孤立感を抱くようになる．

第7段階：成人期　＜生殖性−停滞＞

次の世代の指導，生産的で創造的な仕事，他者の幸福や社会の福祉に向かう心は，成人の心のバランスをたもたせる．この特性を生殖性という．自分だけの欲望や安逸といった内向きの関心は，人生を停滞させ生きる意味を見うしなわせる．

第8段階：老人期　＜統合−絶望＞

老いは人生を振りかえらせる．自分の人生に一貫性を感じ，それを受容し，満足感を得られるとき，人生は統合される．それは老いと死に直面しても尊厳性をたもたせる．過去の人生に意味を見いだせず，取り返しのつかなさに思いいたるとき，絶望を感じる．

ハヴィガーストの発達課題論もエリクソンの発達段階論も人間の生涯の発達過程を取りあげ，ある段階や課題の達成が次の段階や課題の達成につながるとした．ハヴィガーストは発達課題を社会学的視点から具体的に指摘しており，エリクソンは発達段階に対応した自我の社会的適応を危機としてとらえ，その対処機制を心理学的水準で論じている（村田，1992）．

3　生涯発達と生態論

　ブロンフェンブレンナーは，発達を能動的に成長する人間とその生活場面との相互調整過程からとらえる（Bronfenbrenner, U., 1979）．相互調整は，生活場面の関係や，その背後にあるより大きな文脈からの影響を受けるとして，発達の**生態学的システム理論**（ecological system theory）を提唱した．そこでは生涯発達が論じられていないが，生態環境（生活する自然な環境）との相互作用は生涯発達の検討に不可欠な視点である．その生態システムには個人を中心に4つの階層がもうけられ，さらにこうした階層に影響する時間システムが想定されている（図1-2）．

(1)　**マイクロシステム（microsystem）**

　人と人との直接的で双方向的な交流経験の場を指す．人と人との交流自体は2人一組が基本単位だが，他者や集団にも影響される．たとえば，隣人が支援的であれば親子関係の質は向上する．慣習や文化的価値も，この場で子どもに影響を与える．マイクロシステムは発達につれて変化する．

(2)　**メゾシステム（mesosystem）**

　人が関与するマイクロシステムどうしが関係しあう場である．家庭と教師や学校との関係，兄弟と近隣の友だちとの関係などが生じる．一般にシステム間

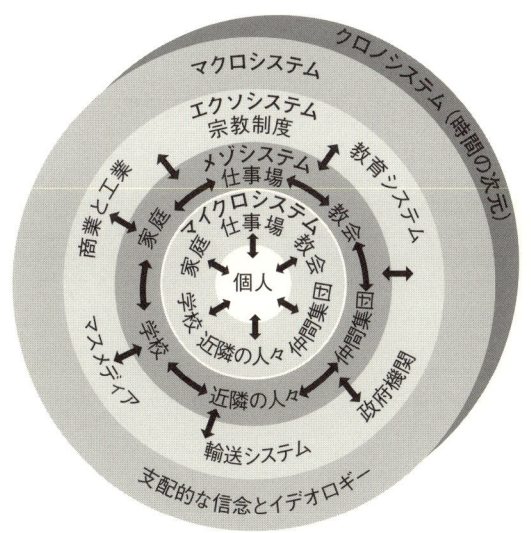

図1-2　ブロンフェンブレンナーの生態学的システム
（Papalia, et al. 2003）

の結びつきが強いほど，子どもの発達への支援はゆたかで一貫性をもちやすい．

(3) エクソシステム（exosystem）

　人に影響するが，直接的な関与はない社会的場面を指す．たとえば，親の職場に子どもは直接関われないが，職場での支援やストレスは，親の家庭での役割遂行に影響する．公共サービス，社会福祉制度，地域の安全性，国の政策なども子どもの生活に影響する．

(4) マクロシステム（macrosystem）

　人が生活する文化やサブ文化といった世界を指す．その文化がもつ信念，態度，伝統，イデオロギーなど通して子どもに影響を与える．たとえば，核家族で育つか，拡大家族で育つかは，マクロシステムがもつ家族に対する価値観に依存しやすい．

(5) クロノシステム（chronosystem）

　マイクロシステムからマクロシステムのすべてのモデルの働きを変える時間の次元である．人の生活は，時の流れによって変化する家族構成，居住場所，親の就業と失業といった身近な環境や，戦争，経済周期といった地球規模での環境変動によって大きく異なる．

4　生涯発達と関係論

　現在の生涯発達（life-span）研究は，1960年代中期から1970年代初期にアメリカのウェスト・ヴァージニア大学で開催された一連の会議での議論や，それを基盤にして出版された書籍（Baltes, 1978; Goulet & Baltes, 1970）を起源にしている．この活動が契機になり，1970年代から1980年代の初期にかけて，アメリカの大学では生涯発達心理学のコースが提供されだした（Lerner, 2010）．近年では，発達的変化を生み出すシステムが全生涯にわたって潜在すると考える学際的な学問領域として，**発達科学**（developmental science）と呼ばれることがある．

　2010年に，現在の生涯発達研究を集大成した "*The handbook of life-span development*" が刊行された．このハンドブックの編著者であるラーナーとオヴァートン（Overton, W. F.）を参照しながら，関係性から見た生涯発達的視点に触れておきたい．

1) システム

　人間の生涯発達には，システムとしての特徴，つまり部分が相互に影響しあいながら全体として機能するという特徴がある．そこには，能動的に生きる人間と絶えず変化する多くのレベルの生態環境との間でシステマティックな相互作用が見られる．その相互作用の過程で，人には変形的変化と変動的変化が絶え間なく生じる．変形的変化とは，認知，情動，動機といった働きに生じる普遍的な変化である．一方，変動的変化とは，個々の人々に特定の表現として生じる個人差である．

　還元主義的な心理学は，こうした発達的変化の検討を観察可能な個々の行動に限定する．そこでは，生物学的要因や環境要因が考慮されても，主たる検討対象は個人の行動になる．この視点に立つとき，生態環境から切り離された個人の行動の発達が問題とされ，個体がもつ能力の高低を論じる個体能力論に陥りやすい．それゆえ，さまざまな機能が衰える高齢者は劣った存在と見なされやすい．

　他方，発達的変化を関係性の視点から見るとき，人間は，外界に能動的に関わり，情報を柔軟に取りこむ開放性を備え，自発的に調整しながら**自己組織化***するシステムとしてとらえられる．こうした見方に立つと，人間の行為には以下のような特徴を指摘できる．(1)行為はシステムの基盤にある構造を表現しており，どんな行為も表出的である（例：何かを指し示そうとする乳児の意欲構造は，指さしという行為として表出される）．(2)行為は社会文化的世界とのコミュニケーション手段として機能し，同時に，そうした世界を変化させる．また，どんな行為もコミュニケーションメッセージをもった道具的存在である（例：他者は，その乳児の指さしに，何かを指し示そうとする意図を感じ取る）．(3)行為は，変化を引きおこす基盤となるメカニズムを創出し，周囲の世界と協働しながらより有効なシステムを創出する（例：その意図を感じ取った他者からの応答は，乳児に自分の指さしが持つ新たな意味に気づかせる）．

　人間はこうした働きをもつシステムを生得的に備えて誕生し，加齢とともにその時々の生活に有効な新しいシステムを創出する．また，このシステムには，高齢になり心身の機能が衰えても，それを補完する手段を探しだし，一定の機能水準を維持したり，ときにはいっそう有効な生活形態をもたらしたりする働きが存在することも推測される．

2) 順序と系列

　システムの形態や構造の変化には，決まった順序と普遍的な系列がある．それは一定の方向性をもつ．つまり，ある目標あるいは最終状態へ方向づけられている．たとえば，人の受精卵は，胎芽から胎児へと変形する．また，感覚運動的機能をもつシステムは，反省的思考が可能なシステムに変形する．青年は必ず老化し死を迎える．

　こうした目標を語ることは，あやしげな目的論を科学にもちこむとして批判されやすい．発達の最終地点以前に見られるシステムの構造や機能を，最終地点をめざすものに過ぎないと解釈してしまうからである．しかし，関係論的な立場では，この批判を正当とはしない．どんな発達的変化も，加算的な線形性や連続性を示さないからである．人という開放的な自己組織化システムの発達的変化は，部分が足し算的につけ加わって生じるものではない．それは，非線形性や不連続性という特徴を顕著にもっている．それゆえ，自己組織化システムの視点から推論過程の発達を検討したピアジェ (Piaget, J.) は，発達の最終地点として演繹的な命題推理（論理を言語的に操作して行う推理）を設定したのである．ピアジェは成人段階の形態とは不連続な先行形態として，子どもの推論形態（前操作，具体的操作）を記述しており，それらは質が異なっている．

　発達的変化の系列に最終目標を設定することは，発達を固定させ，柔軟性を否定するという批判もあたらない．開放的な自己組織化システムには，同じ目的をめざす多くの手段があるからである．システムの各段階は，最終目標へ向かう規範的な系列の一部ではあるが，その段階へいたる道筋は多様でありうる（**等至性**：equifinality）．

3) 後成と創発

　複雑な構造の発達は，生得的な構造の展開によるとする前成説はすでに紹介した．一方，複雑な構造が次第に作り上げられていくという理論を**後成説** (epigenesis) という．ゴットリープ (Gottlieb, G., 1992) の蓋然的後成説 (probabilistic epigenesis) によれば，関係的な発達システムを構成するあらゆる部分，たとえば，遺伝子，細胞，器官，物理的環境，文化は，相互に影響し合い振る舞いながらシステムを作りだす．システムが次第に組織の複雑さをレベルアップさせるのは，システムを構成する部分が縦横に結びつき相互に影響しあう過程で，それらが分化し再統合されるからである．

後成説は，変形的な発達的変化と密接に関係する**創発性**（emergency）を重視する．変形的な発達的変化は複雑さの増加をともなう．この複雑さの増加とは，要素が加算的に増え，線形的に複雑化することではない．それはシステムが基底にもつ原理的パターンの複雑化である．蝶は毛虫から，カエルはオタマジャクシから，植物は種子から，システムの分化と再統合によって出現する．同様に，高次な心理学的システムは，より低次なシステムから創発される．ゆえに，新しいシステムは，早期の形態に還元すること，つまり前段階の仕組みから説明することは困難だと考えられている．そこには質的な変化があるからである．

人間の心身の生涯発達を探究しようと思えば，生涯をとおして生じるそうした変化の形態を記述するとともに，その発達的変化の基底で働く仕組みを説明することが課題になる．

5　自己／他者／意味と生涯発達

人間の精神機能を生涯にわたって支えるもっとも重要なものは人間関係であろう．それは他者との関係として理解されやすい．他者との関係をどうすれば豊かなものにしうるか，それは多くの人生論やコミュニケーション論で語られるテーマである．人間は他者と出会い，他者と離別する存在である．乳児は母親や父親と出会い，地域社会に組み込まれていく．発達するにつれ，出会う他者は急激に増える．そうした人々にいかに出会い対応するか．生活をともにする他者とどうすれば親密な関係を維持しうるか．加齢とともに出会うことが多くなる他者の死にどう対応するか．みな他者との関係で直面する発達課題である．

自己は，人間が生涯にわたって出会い続けねばならない「他者」である．つまり，自己は自分の内に住まう「もう一人の自分」である．人間はこの「他者」との人間関係にも心をくだき，うまくつき合い，豊かな関係を築くことが求められる．人間は，人と人との間に住むといわれるが，その間とは，他者との間であり，自己との間でもある．自己は，発達の過程でさまざまな経験をし，多様な内容と複雑な仕組みを発生させる．そこには，複雑にからまりあう感情もまた充満している．それは自分では自由にならない「他者」である．反省的な視点を獲得する人間の心は，この「他者」と出会うこともまた運命づけられており，よき関係を維持しつづけなければならない．これもまた生涯にわたる人間関係である．

人間は意味の世界にも生きている．人の生活世界には意味が満ちあふれてい

る．しかし，この意味世界は見ることも触れることもできない．見たり触れたりできるのは，意味を表現した物や振る舞いである．それゆえ，この意味世界を理解できない動物には，車もお金も，身振りもことばも，モノにすぎない．猫に小判である．しかし，人間もまた最初は意味世界を知らなかったはずである．生まれたばかりの乳児には意味世界を生きた経験がないからである．やがて乳児にも意味世界を理解するときがくる．しかし，意味世界を知らない乳児が，見ることも触れることもできない意味世界にどうして気づくことができるのか．不可思議である．ともあれ，意味を理解した子どもは，急激に意味世界を拡大させる．意味世界に住み始めた人は，みずからの意味世界を表現し，他者の意味世界を気にかけ，自己の意味世界を複雑に構築する．自己や他者をいかにみずからの意味世界に配置するか，それは生涯にわたる心の作業になる．

　人間はモノにも取り巻かれている．乳児はモノと身体を使って出会う．誕生直後からモノやその動きを見ることができる．数か月もすれば，握らされたモノをなめ始める．やがて自分から手を伸ばしてつかみ，繰り返し振って音をだしたりする．こうしてモノのもつ意味を自分で探ろうとする．人もまた身体をもつモノである．その身体や声は物理的特性をもつ．ゆえに人はモノである．乳児は人というモノに出会うのである．しかし，それは他のモノとは異なるモノである．それは情動をもち，乳児と情動を共鳴させあうからである．人の乳児にはきわめて豊かな情動共鳴能力が組み込まれている．乳児が他者と情動を共鳴させあうとき，そこには情動を基盤にした共有世界が出現する．他者の心的世界と結びつくのである．こうして人間の乳児には他者の心に住まう意味世界との接近が可能になった．他者がもつ意味世界を共有した人の乳児は，モノがもつ文化的意味に気づくルートを獲得する．このとき，モノは，他者と共有する意味をもつ物，つまり**文化物**になる．多彩な意味を潜在させた文化物もまた人間関係の中でさまざまな役割を果たすことになる．

　人間が人や多彩な生態環境との関係において生きる存在だとすれば，その関係の中で自分らしい意味を繰り返し発見していく過程が生涯発達の過程である（無藤，1995）．自分の衰えを自覚し，周囲の人々との葛藤をかかえた老人が，自分の価値基準を変え，自己に対してより受容的になり，すでに与えられたものとまだ入手可能なものを以前より高く評価できれば，そこにはプラスの意味生成が起こっている（小嶋，1995）．人生の意味は，みずからの人生が求めてくるものであり，それは**創造価値***，**体験価値***，**態度価値***によって実現されるというフラ

ンクルの主張は傾聴にあたいする（1969/2002）．生涯発達心理学の主たる研究対象の一つは，各発達段階にいる人々が見いだす意味とはなにか，意味の発見を規定する要因とはなにかを検討することであろう．

［大藪　泰］

＜用語解説（出現順，以下の章も同じ）＞
*進化論　生物種は不変ではなく，時間とともに遺伝子が変化して種類が分岐し，新しい種が生じるとする理論．
*自然選択　生物集団において生存に有利な遺伝形質をもつ個体がより多くの子孫を残すこと．自然淘汰．
*ブレイン・サイエンス　知覚，記憶，感情などの脳の働きを研究する学問．医学，生物学，心理学，電子工学など広範囲な分野が含まれる．脳科学．
*ニューロン　ニューロンが結合して神経回路網が形成され，情報の処理と情報の伝達を行っている．神経細胞．
*生成　自分を自律した一貫性のある独自な人格として築き上げるために努力を傾けようとする人間の生の営み．
*生理的欲求　渇，空腹，呼吸，睡眠，性など生命維持に不可欠な欲求．一次的欲求．
*自己実現欲求　自分の中にある可能性を発展させ，人格の全体的成長と統合を目指そうとする欲求．
*自己組織化　生体などのシステムが外界からの情報を学習しながら，秩序をもつ構造や機能を自律的に作りだす現象．
*創造価値　何かに最善を尽くしたり，何かを作りだすことによって実現される価値．
*体験価値　自然，芸術，他者との出会いなど，みずからの体験から感じ取られる価値．
*態度価値　自分ではどうしようもない窮状に直面したときに取る態度によって実現される価値．

アロマザリングから見た子どもの発達

□ **ヒトのアロマザリング**

　アロマザリングとは母親以外の個体（アロマザー）による子どもの世話であり，それは母親の育児負担の軽減に大きく寄与している．それと同時に，アロマザリングにおいてさまざまな他者と出会い，相互に眼差しを交錯させることが，子どもの社会性の発達にも重要な意味をもつ．霊長類はアロマザリングの発達した動物種であり，ヒトはその中でも傑出した存在である．アロマザーは，自分自身の豊かな社会ネットワークを背後にもちつつ当該の母子と関わるのであり，それは子どもがその豊かなネットワークに関わりをもちうるということを意味する．しかもアロマザーはそれ自身が，母子やその周囲に主体的に視線を向ける能動的存在である．いわば視線の相互乗り入れが起こるのであり，そういう網目状の複合的な視線の交錯のなかで子どもが育っていくことになる．ブロンフェンブレンナー（Bronfenbrenner, U.）の主張するマイクロシステムやメゾシステムとは，そういう関係性の広がりのなかで実現される子どもの直接的な個々の対人関係の場とその相互関係のことであるともいえよう．

□ **アロマザーと三項関係**

　アロマザーはヒトにだけ視線を送るわけではなく，モノにもヒトと同様に視線を向ける．母子がモノに共同で注意を向け合う状況は**三項関係**と呼ばれるが，それはアロマザーと子ども，もしくはアロマザーと母親の間でもまったく同じである．さらにいえば，**共同注意**の対象になるのは単体のモノだけではない．ヒトの環境はモノとヒトが複合的な「モノ-ヒト」システムを形作っており，それも共同注意の対象となる．三項関係は言語等の発達にともなって，具体的な事物から抽象化された概念や価値を対象としたものに推移していく．それらの総体が「文化」と呼ばれるものの実態であるとすれば，アロマザーを取り込んだ複合的三項関係は，子どもの文化学習の成立基盤であると考えることができる．

□ **保育とアロマザリング**

　昨今は少子化や個人主義的な生活スタイルの浸透などにともなって，地域の子育て力が低下しているといわれる．それは，子どもの発達にとってこのように重要な意味をもつアロマザリングが縮小してきていることを暗示している．今日，待機児童の解消という掛け声のもと，専門家の増員や保育施設の増設などがめざされているが，しかしながらそこでの「モノ-ヒト」システムとは保育という目的に特化したものであり，多様な社会的交渉相手との接触や文化の習得という観点からは，きわめて貧弱なものである．私がフィールドにしている沖縄の多良間島では，「守姉」という昔ながらの少女による乳幼児に対する世話のシステムが発達している．このシステムでは少女の生活の一環としての豊かな社会に乳幼児が開かれており，さらに，その世話を通じて少女自身も子育て経験を積むことができている．こういった土着のアロマザリングから私たちが学ぶべきことも多いと思われる．

〔根ケ山光一〕

第2章

胎児期

　人としての生命は受精の瞬間に始まる．それは精子と卵子の結合という生理的な現象であり，その生命活動は母親の体内で営まれる．しかし，その生命はもう一つ別の世界を生き始めてもいる．それは母親の心の中に生まれるイメージとしての生命である．母親は，母体内で胎児を育てると同時に，心の世界でも胎児と出会い，そのイメージをみずからの物語の中ではぐくんでいる．人の胎児は，母親の体内でも心内でも発達するのである．母親は，身近な人との生活や社会環境からの影響を受け，心身の内にある胎児との出会いを重ねながら，母親になる道を歩んでいく．そして胎児もまた，人の心がもつすぐれた能力の獲得に向かって発達し始める．

1　妊娠することの意味

　現代の日本社会は**少子高齢化社会**といわれる．子どもの数が減り，年老いた人々が急激に増えているからである．これは先進諸国に共通する現象であるが，人口比で比較するとわが国は世界でもっとも少子化と高齢化が進んでいる（内閣府，2012）．**合計特殊出生率***は，終戦直後の第1次ベビーブーム以降，1970年前後に一時期増加したものの（第2次ベビーブーム），一貫して減少してきている．ここ数年間，下げ止まりの様相があるとはいえ，依然として世界でもっとも低い水準にある．この出生率の低下には，結婚や子どもを産むことに対する女性の心の世界が反映されている．

1）妊娠を待望した時代

　かつての日本では，家の永続と繁栄が最優先された．そうした社会で結婚に期

待されるものは，男女二人の円満な家庭生活より，むしろ子どもを得ることであった．結婚して子どもがないことは恥ずべきことだったのである．それゆえ，妊娠すなわち結婚という慣習が存在し，婚姻は妊娠によって確定するという考えが強かった．産むことをコントロールしている現代の女性とは異なり，結婚すれば妊娠し出産することが当然であり，本人が待望することでもあっただろう．なぜなら，それは一人前の女になることであり，嫁ぎ先の家で自分の地位を確保することになったからである．「嫁して三年，子無きは去る」ということばには，そうした意味が込められていた（鎌田他，1990）．

　封建制度のもとで発展したこうした「家制度」は，第2次世界大戦後の新民法制定まで，家族の規範モデルとして機能した．江戸幕府が終わり，近代化の達成にむけて制度変革にまい進した明治以降になっても，依然として「家制度」が存続した．明治政府は，幕藩体制下で確立した武家や公家の「家制度」を，家族制度として全国民に適用し，新しい国づくりの規範として利用したからである．そこでは，長子を中心とした家族を単位とする「国民国家」が構想されたのである（本田，2010）．

　この家族を中心とした国づくり構想を実現するためには，家の維持と継承が必要になる．子どもは，家を維持し継承するのに必須な存在であり，同時に日本帝国建設のために必要欠くべからざる存在でもあった．それゆえ，子どもを産んで育てることは，家を守り祖国を建設する事業になった．母親は使命感に燃えて結婚し子育てをしたと考えられる（本田，2010）．

　伝統社会においては，子育ては必ずしも母親だけが担当したのではない．上層階層では，育児の専門家である「乳母」が，また農山村では，周囲の人々が共同して育てることが多かった．「取りあげ親」「名づけ親」「拾い親」などの名前でもわかるように，共同体としてシステマティックに子どもの成長を支援する体制が存在した（本田，2010）．このような社会情勢の中で，女性は男女の自然な行為のもとで身ごもり，家族や国民の一員として当然の役割を果たすかのように子どもを産み育てたのであろう．平穏な生活を営もうとする多くの女性にとって，身ごもった胎児は授かった「子宝」であったと考えられる．

2）妊娠を選択する時代

　明治期は，身分制度が解体され，個人の資質や能力が立身出世を可能にした時代でもあった．それは，子どもが家のためではなく，自分の生活の向上を目指し

て競争する社会の到来を意味した．また，家の跡継ぎを産めばそれでよいという女性の意識を次第に変えさせた．母親の子育ては，その子自身の幸せと引き換えに苦労する営みに転じ始めた．そうした時代精神の中で，子育ては母親にとって不可避の義務たりえたのだろうか．もしかしたら，「産み育てる」営みは，成人の義務であり責任であり，成人するための条件でもあるという重い責務ではなくなったのではないか．こう述べる本田（2010）は，すでに明治期に，女性には自分の人生にとって子どもは不要だとする新しい子ども観，「子ども忌避の心性」が存在した可能性を指摘する．しかし，その心性は，新たな家族制度と日本帝国建設のための人材育成という社会体制のもとでは芽吹くことはなかった．

　第2次世界大戦での敗戦により，この社会体制は一変した．家族制度は崩壊し，男女ともに個人の自己実現が求められる時代になった．工業化，都市化の進行は，仕事を求める若者を都市に集中させ，核家族化をもたらした．そして家族との結びつきを弱体化させた．それは個人の自立や自由と引き換えにされたのである．個人も国も富を得て，便利な生活を可能にする経済優先の社会になることへの疑問は片すみに追いやられてしまった．

　こうした社会風潮のもとでは，結婚をして子どもを産み，育てたくはないという女性が出てきても不思議ではない．子育ては自分の自由時間をうばうからである．社会進出を求められた女性が，キャリア・ウーマンとして業績をあげ，充実した日々を送っているとき，結婚して家庭を維持しながら子育てをすることは，大切な仕事を邪魔するものになる．朝日新聞の「身の上相談」欄に，初めて「結婚をしたくない，子どもを産みたくない」という相談が寄せられたのは1987（昭和62）年のことであった（湯沢，2012）．35歳の女性は，「限られた人生の時間なら，家事や育児より読書や勉強のために使いたい．……この自由を手渡してなるものか……」，また25歳の女性は，「自分を向上させるための趣味，勉強に好きなだけ熱中できる幸せが結婚，出産によって無残に壊されていく音を，私は聞きたくない」と書いている．

　子を産み育てることを望む若者は現在も存在する（第8章「青年期中期」参照）．しかし，現代の「子産み／子育て」は，かつての自然の流れに乗るようなものではないだろう．現代人は，生物保存の基本的な営みである子産みと子育てにもみずからがその意味を見いだし，選択することが必要な時代に生きているのかもしれない．

2 妊娠から出産へ

 現代は男女ともに自己実現や，自分自身の生活の充実と自由が重視される時代である．そうした現代に生きる女性にとって，妊娠が自分を束縛するもの，不自由にするものと感じられても不思議ではない．みずからの体内にいるとはいえ，胎児はすでに他者であり，他者との関係を生きることは個の自由が制約されることになるからである．仮に妊娠が心からの喜びであった場合でさえ，そこには常に葛藤が潜在しているだろう．その心模様は，妊婦一人ひとりで異なり，それはきわめて多彩なものであるはずである．

 ここでは，妊婦が書いた日記を使って妊婦の胎児への意味づけを分析した岡本ら（2003）の研究，妊娠した妻へのインタビューから妊娠期の女性の心理を探究した大倉（2011）の研究，そして筆者自身の体験に基づいて，妊婦が胎児と出会うときを垣間見てみたい．

1) 妊娠に気づくとき

 女性は，さまざまな体調の変化をきっかけに妊娠に気づき，妊娠検査薬で陽性反応が出て妊娠を確信する．その後，産婦人科での**超音波画像***でわが子に出会うことになる．わが子という他者を動かしがたい事実として見る体験は，妊婦にもその夫にも，そこから逃れられない切迫した体験として感じられるだろう．それはおそらく，妊娠を待ちこがれたカップルにおいてもそうである．胎児は，いまだ触れることもできず，語ることもない小さな生命体にしか過ぎない．しかしその胎児は，カップルに一人の人間の生を預かる親となることを運命づける確かな存在である．

 親となる瞬間もまたさまざまだろう．望まない妊娠や予定外の妊娠である場合には，一人で思いつめ，ときには中絶という苦しい選択をせざるを得ない．逆に，長年待ちのぞんだ妊娠の場合もある．夫婦ともに仕事に多忙である場合や，経済的に困窮した状態にある場合もあろう（大倉，2011）．どのような状況で妊娠するにせよ，子どもはその時期だけではなく将来にわたって夫婦の生活に大きく影響する．それゆえ，夫婦は，みずからのライフサイクルに子どもを加えた人生設計や，生きる意味を見いだすプロセスを歩みださねばならなくなる．大倉（2011）は，次のように自分の妻の心境を書きつづっている．

これまでずっと仕事を続けてき，これからも続けていきたいと願っている妻にとっては，やはり妊娠・子育てと仕事の両立を本当にできるかどうかということが心配の種になっているようだった．……産んだ子どもを自分が世話していかねばならないというプレッシャーや，それによってこれまで苦労して確立してきた仕事のスタイルが崩れてしまう不安は，今の社会的状況を考えると，女性の方がより強く感じてしまうのかもしれない（大倉，2011，p.41）．

2）胎動を感じるとき

　胎動は妊婦の母性的行動をもっとも触発する（川井他，1990 など）．妊婦は胎動をどう感じ，どんな胎児イメージをもつのだろうか．岡本ら（2003）の研究にそれを見てみたい．

　妊婦の胎児行動の意味づけには，週齢 29 〜 30 週と 33 〜 34 週で変化が生じる．29 〜 30 週以前は，胎動を感じても人間の赤ちゃんとして実感されないことを示唆する記述が多い．たとえば，「グルグル．魚が泳いでいる感じ」といった記載である．週齢が増すにつれて，胎動を赤ちゃんのものとして感じられるようになり，自分自身のことを「ママ」と語り，また第三者に対しては，「パパ」や「おばあちゃん」というように子どもの視点から語りだす．母親になるという実感が育ってくるからである．

　33 〜 34 週以前では，胎動を母親自身への応答として理解される記載が多い．しかし，これ以降になると，夫や母親（胎児の祖母）の声，雷や花火の音に対する反応として胎動をとらえるようになる．岡本らはそれを，胎動を自分と胎児とのやり取りとしてとらえる対面的関係から，胎児と第三者とのやり取りを見る，あるいは，胎児と同じ音を聞くといった三項関係や並列的関係への変化だと解釈している．

　こうした妊婦と胎児との関係は，妊婦の主観的な世界での出来事である．しかし，それは胎動という具体的な作用のもとで生じている．妊婦はこうした胎児からの能動的な働きかけを契機にして，わが子の存在を実感し，親としての自己イメージを創りだしていく．

3）わが子を胸に抱くとき

　胎児とイメージの中で出会い続けてきた妊婦は，出産によってわが子と初めて

対面する．誕生直後の赤ちゃんを観察すると（大藪・田口，1982），胎児はすでに個性的であることがわかる．産声を短時間の中断を繰り返しながら3時間以上持続させる赤ちゃんも，弱い声で泣いて目覚めるとすぐに眠りに入っていく赤ちゃんもいる．

　筆者は，わが子の出産にも立ち会った（大藪，2013）．妊娠中毒があった妻は，2200 gの未熟児の息子を私の目の前で生んだ．小さくて血色が悪く，泣かなかった．多くの出産場面に立ち会ってきたが，このときほど泣き声が待ち遠しかったことはなかった．どれほどの時間が経過したのか，医者と看護師の処置により，それでも弱々しく泣き声をあげた．

　息子の呼吸は途絶えることなく，やがて目をあけた．何人かいた看護師の誰かの「小さいけれども，元気だから，大丈夫よ」という声の中で，妻は初めて息子を胸に抱いた．この励ましのことばに，妻はどれほど勇気づけられたことか．妻は，笑顔と泣き顔のいりまじった顔で息子を見つめ，その名を呼ぶことができた．そのとき一瞬目が合ったという．

　人は他者との関係を生きる存在である．それは出産という生物学的な場面でさえそうである．妻は医者や看護師との関係の中で産み，息子もまたその関係に支えられて生まれたのである．

3　胎児の運動と感覚

　受精卵は胎児として約38週間を母体内で過ごす．近年，超音波断層法は胎児の運動を立体的な動画映像として観察可能にした．胎児心理学が成立しうる胎児の客観的な行動データが手に入る時代が到来している．次に，人としての生命の出発点である受精卵を起点に，胎児の発達を運動と感覚の側面から概観する．胎児期にその存在が想定される自己の感覚についても触れてみたい．胎児の日齢，週齢，月齢は受精後から起算したものである．

1）卵体期

　受精卵が子宮壁に着床するまでの約2週間をいう．受精卵は分割を重ねて卵管を移動し，子宮内層深くに着床して，母親の血液から栄養を取り込み急速に成長する．分裂を繰り返した受精卵は，多種の細胞に分化する．たとえば神経系では，ニューロンとグリア細胞に分化する．同じ遺伝情報をもつ細胞が，異なる機

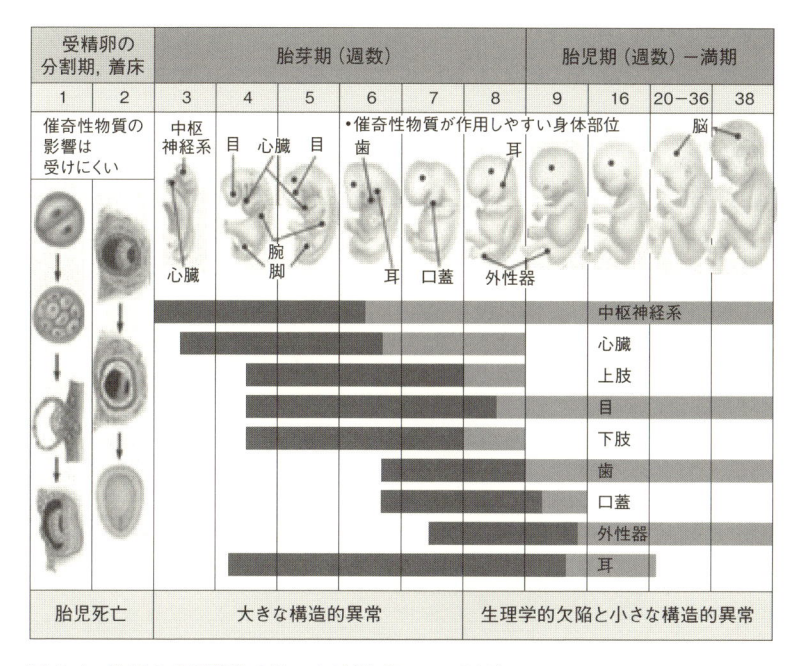

図 2-1　胎児の奇形発生のリスク時期（Berk, 1999）
　　　濃い色の帯：リスクが高い時期　薄い色の帯：リスクが低い時期（可能性はある）

能をもつ細胞に分化するのである（エピジェネシス：epigenesis）．**卵体期**の末期には胎盤が形成され，受精卵は胎盤から臍帯を経由して栄養分や酸素を受け取り，老廃物を排泄する（Dehart et al., 2004；榊原，2011）．

2）胎芽期

　着床後 6 週間を指す．あらゆる組織や器官の基盤ができるため，**器官形成期**ともいわれる．**中枢神経系***の形成がもっとも早く始まり，3 週齢過ぎには人との出会いを想定するプログラムをそなえる脳が出現する（Trevarthen & Delafield-Butt, 2013）．脳の出現直後に，心臓，上肢，下肢，眼球，耳などが形成され，手や足の指も見分けられるようになる．胎芽期には身体の原基が形成されるため，有害要因の影響を受けやすく，奇形発生のリスクがもっとも高い（図2-1）．胎芽期の最後には，体長 2〜3 cm，体重 4〜5 g になり，触刺激への身体反応が観察される．特に口唇部と足裏に対する反応が顕著である（Berk, 1999）．

3）胎児期

　胎芽期以降，誕生までの期間を指す．7〜8週齢で，脊髄や中脳に由来する反射的な全身運動や四肢の運動が出現する．感覚の発達は触覚がもっとも早い．9週齢で，接触による口唇運動が見られる．12週齢では，手のひらへの接触で**把握反射**が誘発される．また，手で子宮壁や臍帯，あるいは自分の身体に触る動きが見られる．

　味覚と嗅覚は10数週齢で機能し始める．胎児は羊水を口から飲み，尿として排泄する．頻繁に飲酒する母親から生まれた新生児は，アルコールの匂いに対して強い身体運動を見せる．アルコールを含む羊水を経験した胎児が匂いを記憶するためである（Dehart et al., 2004）．

　12週齢までに外性器が形成され，男女の区別ができる．やがて，足を蹴り，腕を動かし，握りこぶしを作り，手の指を吸うなど多彩な運動が出現する．肺は呼吸運動をリハーサルするかのように，拡張と収縮を始める．心臓の鼓動も強くなる．17〜20週齢で母親は**胎動**を感じる．現在のところ，22週齢前後が生存可能胎齢で，子宮外での生育が可能になる．23週齢では微笑が観察される（川上他，2012）．

　20週齢以降，胎児は自分の手を口に近づけ，手指を口に運び入れるようになる．その際，手が口唇部に接触する少し前から，口を開く様子が観察される．口唇部以外に手が向かう場合には，こうした口開けは見られない．胎児は，自分の手が口に接触することを予期するかのようである．また，しゃぶった手指が口から離れると，何度も繰り返し手指を口唇部へ運ぶことも観察される（明和，2008）．この時期の胎児には，手も口唇も触刺激を十分に感じることができる．それゆえ，手が口によってしゃぶられるとき，手は口を感じ取り，口は手を感じ取っている．この**2重接触**という経験は自分の身体でのみ体験できる独自なものである．明和（2008）やロシャ（2001/2004, Rochat, 2010など）は，こうした行動から，自分の身体に対する初期感覚，つまり他のものとは区別された身体感覚が発生する可能性を指摘している．それは，自分自身の身体を他のものとは区別された位置にある主体として感じる**生態学的自己**（Neisser, 1991），あるいは感覚運動経験が生じる**新生自己**（スターン，1985/1989）の原基的な形態である（これらの自己については第3章を参照のこと）．

　聴覚は20週齢前後で機能し始める．母親の腹壁に低音域の音をあてると胎動が観察されやすい．子宮内でもっとも聞こえやすいのは母親の声である．明和

(2008) は，23～33週齢の胎児に，テープに録音した母親の声，見知らぬ女性の声，2種類の機械音を聞かせ，母親の声にだけ口の開閉頻度が高くなったことを観察した．口唇部に見られるこの反応は，母親の声を聞き分け，その声を特殊な対象として感じ取る胎児の存在を示唆している．

さらに明和は，母親の声を聞いたとき，胎児が口唇部という限られた身体部位だけを活性化させることに注目する．口唇部は感覚と運動機能がもっとも先行して発達する部位である．それゆえ，口唇の**吸啜運動***は，乳児の**馴化-脱馴化法***や**視覚選好法***の実験で，刺激をコントロールする手段として用いられる．胎児の口唇部には，予期的な口開けといった行動もそなわる．こうした口唇部に見られる鋭敏な働きを見ると，人の胎児に自己感覚が生じるとするなら，その表象化は口唇部を中心として進行すると予測される（明和，2008）．

脳の発達は，胎児期終期から乳児期の初期にかけて，右半球が左半球より先行する．右半球には，母親とのアタッチメント関係の形成に寄与する働きや，母親の声のプロソディ（リズムやイントネーションなどの韻律）を使ってその情動を認識する働きが示唆されている（DeCasper & Spence, 2009 など）．

［大藪　泰］

<用語解説>
* **合計特殊出生率**　15～49歳までの女性の年齢別出生率を合計したもの．ある女性がその年齢別出生率で一生の間に生むとしたときの子どもの数に相当する．
* **超音波画像**　正常な聴力では聴感覚を生じないほど高い周波数（振動数）の音を対象物にあて，その反響を映像化したもの．
* **中枢神経系**　頭蓋と脊柱の内部にある神経系の総称．脳と脊髄からなる．
* **吸啜運動**　口の中にものを入れると出現する吸いつき行動．吸啜反射という原始反射に由来する．
* **馴化－脱馴化法**　繰り返し提示された刺激への注意が減少した後に，新しい刺激を提示して注意の回復度を測定し，両刺激を区別する能力の有無を判定する方法．
* **視覚選好法**　乳児の目から25cmほどの距離に一対の異なる刺激を提示して注視時間を測定し，選好しやすい刺激を検討する方法．選好注視法．

出生前診断とわたしたち

　出生前診断．妊婦でなくても，一度くらいは聞いたことがあるかもしれない．胎児の健康状態をさまざまな検査方法を用いて調べ，その結果にもとづく診断行為の総称である．以前は胎児診断と呼ばれることも多かったが，現在では受精卵（胚）の段階で検査する方法も実施されている．

　広い意味での出生前診断は，胎児の健康状態に関する情報をその胎児や妊婦の健康管理に役立てようとするものである．現在は胎児の段階での治療も可能になりつつある．妊婦健診の際に行われる超音波画像検査は，どちらかというとこの広い意味で用いられやすい．他方，倫理的，ときには社会的問題として取りあげられるのは，狭い意味での出生前診断である．胎児に染色体異常その他の疾患があるかどうかを調べ，それによって妊娠継続の可否を判断しようとするものである．羊水検査（羊水穿刺），じゅう毛検査（胎盤の組織の一部を採取），スクリーニングのための検査として，母体血清マーカー検査，非侵襲的母体血DNA検査（NIPT）などがある．

　羊水検査を狭い意味での出生前診断として用いる場合，通常は妊娠15週から18週の間に行われる．腹壁から子宮に針を刺すため，羊水の量がある程度以上にならないとできないという理由もあるが，検査結果次第では妊娠を継続しない（中絶）という選択をすることになるからである．日本での中絶は，刑法堕胎罪によって刑事罰の対象ではあるが，母体保護法によって，一定の理由と，そして一定の期間内（22週未満）であれば許容されている．

　アメリカの女性社会学者バーバラ・カッツ・ロスマンが『Tentative Pregnancy』（1996）の中で，興味深い指摘をしている．羊水検査を受けた女性にインタビューしたところ，彼女たちは，検査結果が出るまで妊娠を周囲にひた隠しにするという．なかには胎動にすら気づかないふりをする女性もいる．胎動を感じはじめる時期は，羊水検査の結果が判明する時期（妊娠20週前後）と重なる．妊娠自体を望んでいなかったわけではないのに，わが子とのつながりを避けようとする．

　遺伝相談の外来に臨床心理士として関わっている筆者には，ロスマンの記述は納得のいくものである．羊水検査を受ける女性はごく限られた人にしか妊娠の事実を告げない．同居している夫の両親にも，年かさの兄弟姉妹にも言わない．職場で隠しているので悪阻（つわり）だともいえずつらい，等々．

　出生前診断は，胎児期の母子関係形成にも影響をおよぼしている．どんな子ならわが子として引き受けることができるのかという問いは，どんな生命存在ならこの社会で受け入れていこうとするのかという，私たち一人ひとりに向けられた問いでもある．

［玉井真理子］

第3章

新生児期

　出産によって母体から切り離された胎児は，一個の独立した生命体として歩みだす．母親の心の中にあったイメージとしての胎児が，生みの苦しみの中から，その眼前に確かな存在としてあらわれる．新生児は，なにもできない無能な存在だと信じられてきた．たしかに能力は未熟である．それは疑いようがない事実であろう．しかし，その未熟さはけっして無能な未熟さではない．それは有能な未熟さである．新生児は，誕生直後から，みずからにそなわる能力を使って，身のまわりの出来事を理解しようとする．新生児の感覚器には，刺激の違いを区別する鋭敏な知覚能力があり，とりわけ人がもつ情報に注意を向けやすい傾向がそなわっている．

1　乳児観の変化──無能から有能へ

　100年前と現在の乳児の能力には，ほとんど違いがないだろう．しかし，かつての心理学が理解していた乳児の能力と，現在の心理学が見いだしている乳児の能力とでは大きな違いがある．それはなぜなのだろうか．

　ことばを話せず，行動にも一貫性がないように見える乳児に，心の働きを見いだすのはむずかしい．乳児は何もできないように見える．それはかつての心理学者にとっても同じであった．ほぼ1世紀前に活躍したウィリアム・ジェームズ（James, W.）は，乳児の世界を「途方もなくそうぞうしく混乱」した状態であるとした．また，精神分析の創始者であるフロイト（Freud, S.）は，乳児を「刺激障壁」によって外界から遮蔽された存在として論じた．20世紀後半になっても，マーラー（Mahler, M. S.）は「正常自閉」という用語を使い，乳児を他者とは関わりあえない存在として描きだした（アダムソン，1995/1999；スターン，

1985/1989).いずれも無能な乳児観である．

20世紀が半ばを過ぎるころ，科学技術や社会の変化にともない，人の発達の起源に対しても大きな好奇心がわき起こった．たとえば，医学の進歩は障害児の生存率を劇的に高めたが，それは生得的な障害が初期の発達におよぼす影響を問題にさせた．貧困と学習との関係に関心をもった教育学者たちは，初期経験が子どもの発達に与える効果の検討に着手した．心理学の世界でも，人の行動の背後にある内的なプロセスの解明をうながす運動（**認知革命**）が生じ，新生児の行動もその研究対象にされた．

新生児の研究に着手するやいなや，おどろくほど有能な能力が見いだされた．研究者は，「活動的で，刺激探索的，そして創造的な仕方で世界を構成する」（Emde & Robinson, 1979）新生児の精神活動に出会った．新生児の心は混乱しておらず，誕生直後から外界に能動的に働きかけ，また取り入れた情報を組織化させていた（Stone et al., 1973）．

現在，乳児研究は最新の科学技術を駆使して行われており，乳児の有能性についての再評価も進められている（加藤，2011）．

2　泣き・目覚め・眠り

新生児の最初の行動は産声である．それは人間にもっとも近縁な霊長類であるチンパンジーにも見られない現象である．人の新生児は，泣き声を使って母親との接近を求めた．産声のあと，両目をしっかり開き，目覚めた状態になる．この産声，覚醒，まどろみ（まぶたの不随意な開閉が特徴）からなる状態を**高覚醒期**（high arousal period）という（大藪・田口，1985など）．高覚醒期では，産声に続いて目覚めた状態が頻繁に生じる．誕生直後の人の新生児には，産声で母親に注意喚起をうながし，目覚めた状態で母親との出会いを維持する行動が組織されている．その後，泣きは睡眠と連続しやすくなるが，生後5日目には泣きと覚醒との連続性が高くなる（大藪他，1982）．

新生児は，みずからの成熟や昼と夜の周期性の影響，母親などからの働きかけを受け，次第に昼間に目覚める時間が長くなる．それはもっとも早期の**社会化***である．

サンダー（Sander, 1977）は，生後3週齢児が眠りから目覚め，また眠りにつくようすを描きだしている（図3-1）．中央の太い波線がその推移である．波線

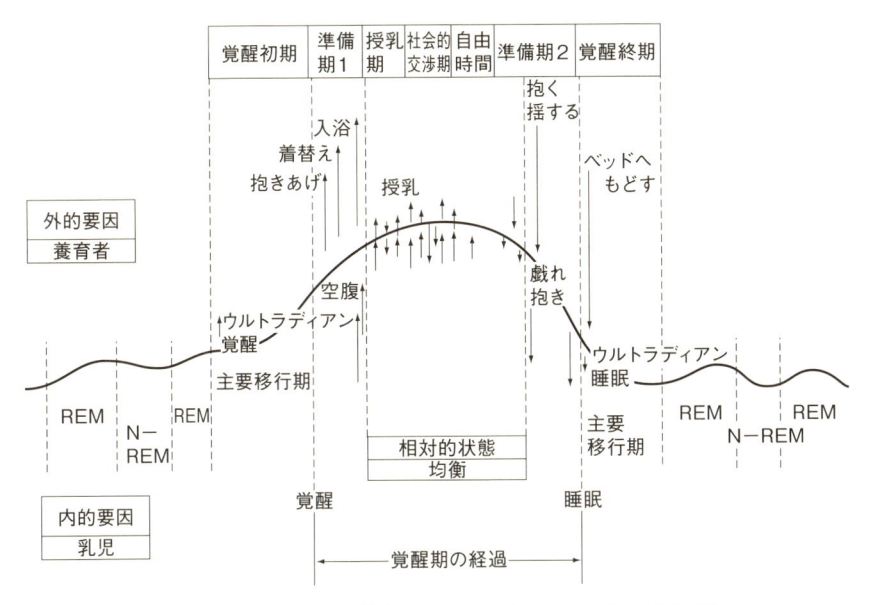

図 3-1 目覚めと養育行動の協応（Sander, 1977 を改変）

の下が乳児の要因，上が母親（養育者）の要因である．上下に向かう矢印は，上向きが目覚めへ向かわせる働き，下向きが眠りに向わせる働きを示す．中央部にある新生児の目覚めた状態は，乳児と母親の要因とが均衡する相対的な状態である．新生児は母親との関わりの中で，目覚めを持続させる．目覚めの時間はまだ短いとはいえ，新生児は鋭敏な感覚で母親との出会いを重ねるのである（大藪, 1992）.

3 人を志向する感覚

新生児には，身体運動と感覚活動との両立がむずかしく，感覚の鋭敏度は身体が動きだすと低下する．この現象の発見が，新生児研究の進展に大きく貢献した（Wolff, 1987）．静かに覚醒した状態のときに，新生児は感覚刺激を整合的に区別し選好するからである．このことを視覚と聴覚で確認してみよう．

1）視覚

視覚選好法と**馴化-脱馴化法**は，新生児の感覚能力を測定する代表的な方法で

ある．視覚選好法では，新生児の目から 25 cm ほどの距離に左右一対の異なる刺激を提示し，注視時間を測定して，選好しやすい刺激を特定する．馴化－脱馴化法では，繰り返し提示された刺激に対する注意が減少した（馴化）ところで，新たな刺激を提示して注意の回復度（脱馴化）を測定し，刺激間の区別が可能かどうかを検証する．

　新生児は，パターン，曲線，輪郭，コントラスト，運動に注意を向けやすい．特に，こうした要素が顔らしく配置された場合にその刺激対象を選好しやすい．しかし，人の顔の選好能力のメカニズムについてはさまざまな議論がある．

　モートンとジョンソン（Morton & Johnson, 1991）は，**コンスペック**（CONSPEC：conspecifics［同種のもの］の省略形）と呼ばれる生得的な顔検出装置の存在を主張した．新生児は，その装置を使って両目と口に相当する刺激配置を大まかに区別し，そうした配置刺激を選好する．それが新生児の視線を人の顔に向けさせる．顔への注意は，顔に特有な情報ではなく，刺激配置という知覚特性によるとされるのである．なお，新生児期以降に発達する顔の個体識別を可能にする仕組みを**コンラーン（CONLEARN）**という．

　人間は美しく魅力的な顔に引きつけられやすい．新生児もまた，大人が美しいと評価した顔を選好しやすい．それは，正立顔で見られ，倒立顔（上下を逆にした顔）では見られない．こうした知見は，新生児には顔の比較を可能にする特有な表象基準が生得的にそなわる可能性を示唆しており（Slater et al., 2010），コンスペックとは矛盾する．

　新生児は，見知らぬ人と母親の顔を区別することも知られている（Bushnell et al., 1989）．この区別ができるためには，母親の顔に関する情報の保持が必要になる．新生児による人の顔の選好には，経験によって記憶された情報も関与していることが推測される．

2）聴覚

　新生児は言語音に鋭敏に反応する．聴覚も人と能動的に出会おうとする．新生児は，言語音を成人とほぼ同じカテゴリで聞きわける（Eimas et al., 1971 など）．母語以外の言語音の聞き分けもでき（Eilers et al., 1982），完成された言語音の聞き分け能力の生得性が示唆されてきた．しかし近年，誕生後の話しことばを聞く経験が，聞き分け能力をさらに鋭敏化する可能性が指摘されている（Saffran et al., 2006）．

新生児は話しことばに耳を傾けやすい．人が実際に話したことばと，このことばと音響的な構造特性を一致させた人工音とを比較すると，話しことばを選好する（Vouloumanos & Werker, 2007）．話しことばに対する選好は，ニューロイメージング法を用いた研究からも知られる．牧・山本（2003）は，生体透過性の高い800ナノメートル周辺の近赤外光により大脳皮質の血行動態を画像計測する**近赤外線分光法***（NIRS：Near Infrared Spectroscopy）を用いて，通常の会話を聞かせたとき，その会話の逆回し音を聞かせたとき，何も聞かせないときの新生児の脳活動を観測した．その結果，通常の会話を聞いたときだけ，成人の言語野・聴覚野に相当する部位で，顕著な脳活動が生じたことが見いだされている．

新生児の視覚と聴覚には鋭敏な感受性があり，誕生直後から周囲の世界を能動的に知ろうとする働きがある．とりわけ人がもつ刺激特性に積極的な注意を向け，人との関係構築を目指そうとする．人を志向する強い行動傾向には，生得的な制約情報と，経験から学習した記憶情報が関与している．そこには，単純な感覚の有無ではなく，情報を組織化し行動を方向づけする心の原初的な働きが存在する．

4　微笑がもつ働き

新生児には微笑がよく出現する．微笑もまた，母親を引き寄せ，母子の接近を維持する強力な**アタッチメント行動**である．乳児の微笑には，**自発的微笑，誘発的微笑，社会的微笑**がある．

外的な刺激がなく生じる微笑を自発的微笑（図3-2）という．**レム睡眠*****やまどろみ***で生じる．この微笑は，チンパンジーやニホンザルでも観察されており（友永他，2003），人に特有な現象ではない．誘発的微笑は，レム睡眠やまどろみの状態で，主として音刺激に反応して出現する．一般には生後2か月ほどで生じにくくなる．穏やかな高い音，とりわけ人の声に対してすばやく確実に微笑しやすい（Wolff, 1987）．新生児期の後半か

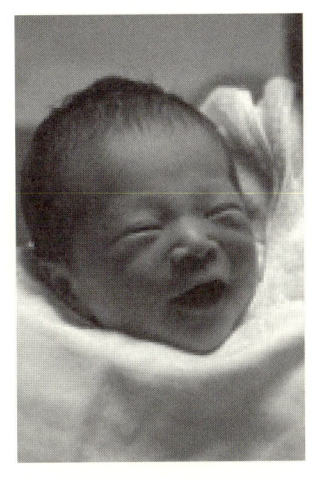

図3-2　生後6日児の自発的微笑（撮影者：吉川 歩）

ら，目覚めた状態で人の声を聞いたり，顔を見たりして微笑み出す．これを社会的微笑という．最初は人の声に対して出現しやすいが，やがて人の顔への微笑反応が増えてくる．この社会的微笑もチンパンジーで確認されており（川上他，2012），進化的な基盤をもつ．しかし，微笑にゆたかで微妙な意味を付加し，高次なコミュニケーション手段とするのは人間だけである．

微笑も，泣きや覚醒も，新生児の身体に生じる個人的な現象にすぎない．しかし，こうした身体表現に出会ったとき，人には同質の情動が自動的に生じる．それは共鳴的な現象であり，自他の情動的な結びつきである．人は，情動を基盤にした共有世界を新生児との間で構築しようとする．人がもつ情動には，新生児期から，他の霊長類にはない高次なコミュニケーションを構築するための働きが存在する．

5　新生児の自己感

新生児の自己は，みずからを顧みて言語化される**概念的自己**とは異なる．それは，他の物とは区別された存在として感じられる自分自身の身体の働きである（Rochat, 2010）．こうした自己を，スターン（1985/1989）は**新生自己***（emergent self），ナイサー（Neisser, 1991）は**生態学的自己***（ecological self）として論じてきた．

胎児はすでに手で自分の身体に触れている（第2章参照）．この2重接触経験は，自分の身体を他の物とは区別させる．ロシャとヘスポス（Rochat & Hespos, 1997）は，実験者が新生児の頬に指先で触れる場面と，新生児自身の手が頬に触れる（2重接触）場面を観察し，新生児が口を開いて頭を回転させる反応（**追いかけ反射**）を記録した．追いかけ反射は，実験者の接触刺激に対して多く生じた．新生児は，同じような頬への接触経験を，自分の身体だけで生じた場合と，外界からの刺激によって生じた場合とで区別したのである．そこには，自己刺激を感じ取る身体と，外部刺激を感じ取る身体とを区別する身体の働きが認められる．そこには原初的な自己感覚が生じている．

新生児は，人工乳首に適切な吸啜圧をかけて，母親の声を聞いたり，母親の顔を見たりする場面を選択できる（Walton et al., 1992など）．口唇には非常に鋭敏な感覚とコントロール能力があり，その活動は主体としての自己に気づかせる働きをもつ可能性がある．

6 新生児模倣と他者感

　新生児が見せる人間との特殊な関係は，人刺激の選好以外に，人との対面場面でも見られる．新生児は誕生直後から人の顔の運動を模倣する．

　メルツォフ（Meltzoff, A. N.）は，新生児が他者の行動を模倣することを一連の研究で示してきた．この**新生児模倣**（図3-3）は，チンパンジーやカニクイザルでも見いだされる（明和，2008）．しかし模倣行動を高次化するのは人だけである（第4章参照）．

　メルツォフは，新生児模倣を，他者の身体運動イメージと自分の身体運動イメージを鏡のように対応づける**能動的様相間マッピング**（AIM：Active Intermodal Mapping）の働きとして説明する．そこでは，特定の感覚様相（視覚，聴覚など）に限定されない表象システムが，異なる感覚間での情報伝達を可能にさせる．他者の行為を見る（視覚）と，その情報は非様相的な情報として蓄積され，他の感覚での認識や使用が可能になる．それゆえ，他者の舌だしといった行為を見ると（視覚情報），身体の運動が生じさせる身体運動感覚情報（自己受容的情報）を使ってその動作を再現できるのである．メルツォフ（Meltzoff, 2007など）は，他者の行為の視覚情報と自分が実行した行為から生じる自己受容的情報を照合する表象メカニズムが働くことによって，新生児は自他の行為の等価性に気づき，他者を自分に似たものと感じると主張する（**Like-me仮説**）．

　新生児模倣は，他者との間で共有世界を構築しようとする欲求の反映であろ

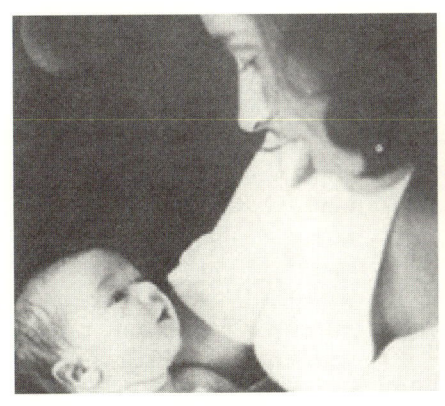

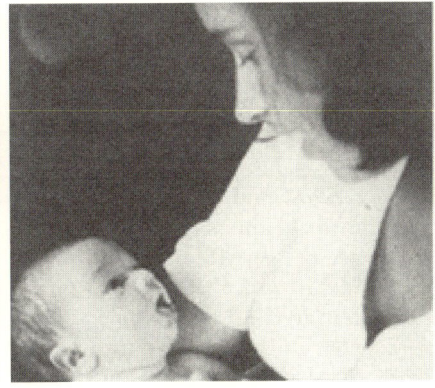

図3-3　生後6日児の舌だし模倣（バウアー，1979/1982）
　　　左の写真：母親の舌だし　右の写真：新生児の舌だし模倣

う．人の心は，身体形態あるいは身体に反映される情動表現の共有を基盤にして，他者と共有世界を構築しようとしたのだろう．早期から栄養補給や外界探索に重要な役割を演じる口唇部に対する表象化は発達している可能性が高い（明和，2008）．それゆえ，他者が口唇部の運動を提示すると，新生児は他者行動の共有志向性を基盤に，口唇部にそなわる感覚運動スキームの誘発準備性を解発させ，同型的な行動を実行しやすいのだと考えられる．

7　社会的脳

近年，**社会的脳**（social brain）という表現で，乳児の能力が語られ始めている．それは，人との関わりを円滑に進行させる特殊な能力領域をそなえる脳を指している．新生児の脳は最初から社会と結びつき，必要な社会的情報に注意を向けさせる**領域特殊**な傾向をもつ．本章で見た新生児の感覚能力や新生児模倣もこうした脳機能を反映している．

領域は**モジュール**と同じではない．モジュールは情報を処理する既設の装置であり，閉鎖的で柔軟性がない．モジュールは最初は的確な対応を可能にさせる．しかし，外界の変化へ対応する能力は乏しい．一方，領域は特定の情報に鋭敏に反応する**制約**をもつが，閉鎖的ではない．領域がもつ開放的な制約性は，乳児の心が環境の違いによって異なる反応をし，さまざまな発達経路をとる経験的な知見と一致する（Legerstee, 2013）．

社会的脳では**ミラーニューロン**が働き，**間主観性***や**社会的認知***の基盤になるという主張がある．ミラーニューロンは，ある動作をみずから実行（例：物をつまむ）したときも，それと同じ他者の動作を知覚したときにも発火する．ガリーゼ（Gallese, 2009）は，ミラーニューロンという他者と「共通した基盤を有する機能的機構が，動作，意図，感情，情動の意味を他者と共有する仲立ちをする．それは，他者と同一視し結びつくための土台である」と述べている．

新生児模倣の土台にもミラーニューロンの関与が考えられる．しかし，人間の乳児の模倣はミラーニューロンだけでは説明がつかないレベルに発達する．メルツォフ（Meltzoff & Williamson, 2010）によれば，人の新生児模倣にもミラーニューロンでは説明できない特徴がある．たとえば，新生児は，今見ている動作ではなく記憶を使って模倣したり，能動的に自分の動作を修正したりするからである．

近年，**機能的磁気共鳴画像***（fMRI）を使った研究で，人のミラー領域は同じ動作を見ても場面の違いによって反応が異なるという知見が報告されている（Legerstee, 2013）．人間の社会的脳は，ミラーニューロンの働きをレベルアップさせ，運動だけではなく，その背後にある意味にも気づく働きを獲得させるのかもしれない．

［大藪　泰］

＜用語解説＞

* **近赤外線分光法**　生体に対して高い透過性がある近赤外光を利用して，神経活動に連動した脳の血流量変化を測定する方法．
* **社会化**　社会がもつ規範や価値観を取り入れることによって，その社会を構成する集団の一員になっていくこと．
* **レム睡眠**　覚醒パターンに類似した脳波が観察される睡眠．急速眼球運動（Rapid Eye Movement）が出現する．レム（REM）睡眠という名称はこの現象に由来する．
* **まどろみ**　睡眠と覚醒の移行期．不随意なまぶたの開閉が見られる．
* **新生自己**　体験する出来事を関係づけ，それらを組織化しようとする自己であり，人間の乳児には誕生直後から存在するとされる．
* **生態学的自己**　視覚，聴覚，自己受容感覚などによる物理的環境の知覚に基づく身体レベルでの自己．
* **間主観性**　二者関係において相互に相手の主観的なものを了解しあう現象．相互主観性．
* **社会的認知**　他者やその集団に関わる認知のこと．対象の知覚的理解に社会的条件が影響すること．
* **機能的磁気共鳴画像**　脳の神経活動に付随して生じる局所的な血流（ヘモグロビン濃度）変化を磁気共鳴特性を用いて画像化し，脳の活動部位を計測する方法．

NICUの赤ちゃんの人間関係

　低出生体重や呼吸障害，呼吸先天性の疾患をもって生まれてきた赤ちゃんは，新生児集中治療室（Neonatal Intensive Care Unit :NICU）に入院となってくる．20年ほど前までは，面会時間が制限され，ガウンやマスクをしないと入れない空間であり，赤ちゃんの救命のための医療的な処置が優先され，赤ちゃんと家族がゆったりと過ごすことがむずかしい環境であった．1990年代後半以降，出産前後の母親のメンタルヘルスへの関心が高まってきたこと，生まれてきた赤ちゃんが家族との関係の中でよりよく育っていくことに意識が向けられるようになり，家族のこころのケアと赤ちゃんの発達をいかに支えていくかが治療の柱の一つとして位置づけられるようになってきた．現在では，「Family centered Approach」の考え方が主流となり，出産前から赤ちゃんが退院するまで一貫したケアを行う周産母子センターとして機能するようになってきている．
　NICUに入院となってくる赤ちゃんの場合，生まれてしばらくは生命の維持にエネルギーが注がれること，また未熟な状態で生まれてきているために，外界に適応できる段階に成熟していくためには一定の時間が必要となる．現在では，光・音・痛みの刺激に最大限の配慮をし，ポジショニングなどによって体位を支えるといったデベロップメンタルケアの考え方が取り入れられ，より個別的なケアが行われるとともに，早期から家族が赤ちゃんのケアに参加するようなってきている．特に**カンガルーケア**といった直接的な皮膚接触では，親にいのちの重みを実感させるだけでなく，赤ちゃんが穏やかな「仏様のような笑顔」を見せ，親の顔を見つめたり，おっぱいを探すような動きをし，それに呼応して親が声をかけ，体を自然に動かし，また赤ちゃんが反応を示すなど，体重が小さな赤ちゃんと親の間にも自然な相互のやりとりが生起している．
　ブラゼルトン（Brazerton, T. B.）は，新生児が周囲に反応を示す力を最大限に発揮するためには，土台となる自律系・運動系・状態系が安定していることが必要であることを示しているが，入院となった赤ちゃんはストレス反応を示しやすく，全体的に未熟さが認められることが多い．特に極低出生体重児の場合，予定日頃でも疲れやすくストレス兆候を出しやすい（自律系の不安定さ），反射が誘発されやすく，円滑な動きにはなりにくい（運動系の未熟さ），敏活な状態を維持しにくく，Stateが急激に変わりやすい（状態系の維持の難しさ），関わりによって反応が引き出されにくい（反応系の弱さ）などが認められることも少なくない．しかし，家族がゆったりと赤ちゃんと過ごす時間が保障され，ほっとした暖かい気もちで赤ちゃんを抱っこし，赤ちゃんが安定するような関わりを引き出すことができたとしたら，予定日前の赤ちゃんとお母さんであっても，赤ちゃんと母親の間には同調したやりとりが生じてくる．NICUであっても赤ちゃん自身がコミュニケーションの一方の担い手として機能し，お互いの働きかけにより関係が築かれていくのである．

　　　　　　　　　　　　　　　　　　　　　　　　　　　　　　［永田雅子］

第4章

乳児期

　発達心理学では，乳児期をことばが出始める1歳半ころまでとすることが多い．英語ではインファント（infant）というが，これはラテン語のinfans（ことばのない）に由来する．しかし，ことばをもたない乳児は，モノや人との出会いを経験しながら，わずか1年あまりでことばという意味世界を生き始める．自分と他者の違いに気づき，意図的に情報を交換するようになる．短期間の間に生じるこの大きな精神発達は，ことばのない乳児の心にもすぐれた働きが存在することを予想させる．そこではいったいどのような活動が行われているのだろうか．乳児が経験している世界を，自己感や他者感，そして自他の間で生まれる意味の視点から見てみよう．

1　情動の働き

　社会的脳をそなえる乳児は，人とモノに対して異なる反応をする．乳児は，モノよりも人に微笑，発声，視線を向けることが多い．新生児期から始まる人との相互作用は，次第にリズムが調和し，やり取りには順番交代（**原会話**）が出現する（アダムソン，1995/1999）．

　母親もまた，表情や音声を使って乳児の情動に同調し，その行動を模倣しようとする．乳児の行動や情動を誇張して気づきやすくすることも多い．しかし母親は乳児の行動の形だけをまねるのではない．母親の鏡映的な行動は，乳児の行動の背後にある情動に共鳴し，その情動を表現し返している．こうした母親の行動特徴は，**情動調律**（affect attunement）と呼ばれる（スターン，1985/1989）．また，この時期の母子のコミュニケーション形態を**第1次間主観性**（primary intersubjectivity）と呼ぶことがある（Trevarthen, 1979）．

乳児は，生まれて2か月もすれば，母親の注意が自分に向けられることに気づく．母親が視線を向けると，乳児はすぐにほほえみ，相互作用を始めようとする．母親とのこうした情動的な相互作用は，顔の形態的な特徴だけに由来するのではない．乳児は人と同じ顔をもつ人形と顔をあわせても情動的なやり取りをしない．母親が乳児を見てほほえまないなら，乳児はすぐにぐずりだすが，相互作用的なやり取りをしていた人形が動きをとめてもぐずりだしたりはしない．乳児は人にはコミュニケーションを期待するが，モノには期待しない．また，人が口を開き，舌をだしてみせると模倣するが，モノが同じような運動をしても模倣しない（Legerstee［レゲァスティ］, 2005/2014, 2013）．乳児は，人の身体に出会うとき，物とは異なる心理的な関わりをする．

2　乳児の自己感

乳児は，他者とやり取りをし，また自分の身体を繰り返し動かしながら，自己という独自な感覚に気づき始める．

1）対人自己感

母親は，乳児とやり取りする場面で，情動調律的な表現で乳児の行動を鏡映し返す．それゆえ乳児は，母親の振る舞いにみずからの情動や表情を見るのである．乳児は母親とのやり取りで生じる情動を，自身の内部で感じとり，同時に，その情動と同質の表現を母親の表情に見ることも，語りかけに聞くこともできる．みずからの内に感じる情動と，それと同等の情動を母親の応答からも感じとる経験や，母親の身体表現に共鳴する身体経験は，乳児に自己の存在を気づかせる．また乳児は，自分が母親に有効な影響をおよぼす経験からも自己に関する情報を知覚する．ナイサー（Neisser, 1991）は，この自己を**対人的自己**（interpersonal self）と呼んでいる．

2）身体自己感

5か月児を対象に，自分の脚が動いているライブ映像と，そのライブ映像と同じ服を着て過去に撮影された自分の脚や他児の脚の運動映像をディスプレイに並べて見せたバーリックの研究がある（Bahrick et al., 1985）．その結果，乳児はライブではない映像の方を長く見た．ロシャ（2001/2004）も，3～5か月児を

頭部TVカメラ

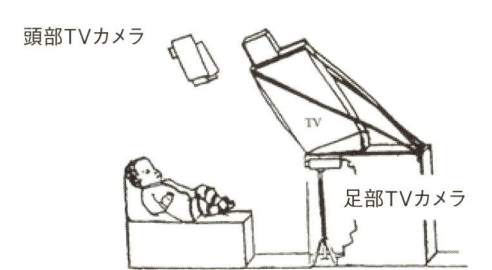

足部TVカメラ

右の図は乳児が見ているテレビスクリーン
左側:足先の方向からの映像
右側:頭の上の方向からの映像

図4-1　脚の動きの視覚選好実験（ロシャ，2001/2004を修正）

対象に，脚の動きを乳児の頭部方向と足先方向から同時に撮影し，それらのライブ映像をディスプレイに並べて見せた（図4-1）．乳児は足先方向から撮影した映像の方を長く見た．どちらの映像でも身体と映像の動きが時間的に一致するにもかかわらず生じたこの違いは，脚の動きの方向が異なるためだと考えられる．頭部方向からの映像は，脚が右に動けば映像の脚も右に動いて見えるが，足先方向の映像では左方向に動いて見えるのである．バーリックらの研究でもロシャの研究でも，乳児は，自分の脚の動きから感じとる自己受容感覚とは違和感がある映像の方を長く見たのだと推測されている．ナイサー（Neisser, 1991）は，こうした映像選択を可能にさせる自己を**生態学的自己**（ecological self）と呼んでいる．

　自分の脚の活動とその動画映像との関係との気づきには，静観的な精神活動の存在が推測される．この**静観能力**には自己を対象化する働きが存在する（Rochat, 2010）．人の乳児は，外界の刺激だけではなく，自分の身体感覚に対しても，そこで生じる現象を見つめる視点を獲得した．この静観的視点の獲得は，自他の間での情動共鳴から距離をとり，それを対象化して見ることを可能にする．情動共有と静観的視点の働きによって，乳児は自他の振る舞いがもつ意味に気づいていくと推測される．

3　乳児の他者感

　乳児は，誕生直後から周囲の世界，とりわけ人がもつ刺激に注意を向け，人と

の関係づくりを目指そうとする．その関係づくりの中で，乳児は他者への気づきを深めていく．

1）人とモノの区別

　乳児に人の無表情な顔を見せ，その反応を分析する実験を**静止した顔の実験**という．生後2〜3か月になると，乳児は顔の静止にすぐに気づき，視線をそらし，ぐずりや泣きなどの不快な反応を見せる．こうした反応は，人形の顔には生じない．乳児は人とモノとを区別し，人の振る舞いを予期していることがわかる（Tronick et al,. 1978 など）．

　乳児は人に対しては声や表情でコミュニケーションし，物には手で操作しようとする．この反応の違いは，人とモノの視覚的な特徴によるのだろうか．それとも人とモノがもつ応答特性を理解するためだろうか．レゲァスティ（Legerstee, 1994）によれば，4か月児は人が壁の後ろに隠れるとその壁に向かって発声をし，モノが隠されると壁に手を伸ばす．これらの行動は，見えなくなった人とモノに対するものであり視覚的特徴には起因しない．それゆえ4か月児は，人とモノの応答特性の違いを解して行動を選択した可能性がある．

2）他者の体験世界の気づき

　久保田（1982）は興味深い6か月児の行動を記録している．その記録には，「子どもにレモンをなめさせてすっぱい経験をさせたあとで，少しなじみのある女性が何気なくそのレモンをなめようと口にあてると，その子がいかにもすっぱそうに顔をしかめ口をすぼめた．その場で2回確かめたが，そのたびにすっぱそうな顔をした」（図4-2）とある．この記録が興味深いのは，すっぱそうな顔をしたのが，レモンを見たときではなく，他者がレモンを口にあてる瞬間だからである．この反応をするためには，他者がレモンで体験することに気づけなければならない．6か月児は他者の体験を自分の体験として感じとったのであり，それはレモンというモノがもつ意味を他者と共有する原初的な体験である．

　近年，乳児が他者の経験世界に気づくことを示す実験的研究があらわれてきた．たとえば川田（2011）は，上記の久保田の知見を生後5〜14か月児を対象に実験的に検討し，幼い乳児ほどこの反応が多く出現することを確認している．またレゲァスティ（2005/2014）は，人がカーテンの後ろに向って手を伸ばす場面と語りかける場面を使って，6か月が，人の手伸ばしをモノに向かう動作とし

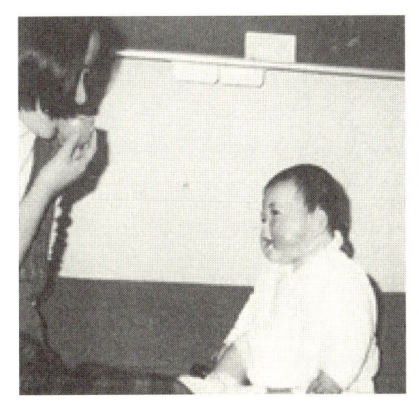

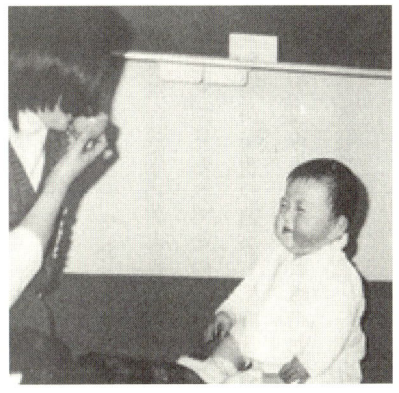

図4-2　人がレモンを口にあてるのを見てすっぱそうな顔をする（久保田，1982）

て，語りかけを人に向かう動作として理解することを見いだしている．乳児は他者の動作を単なる運動として見ているのではない．動作に自分の体験を重ねたり，目標を選択する**意図**を感知したりしているのである．

3) 他者の行動の意図の理解
(1) 視線の理解

　　乳児と他者との関係構造は二つに分類できる．対面した関係と対面外にある対象物に視線を向けあう関係である．後者を一般に**共同注意**（joint attention）という．共同注意は「他者を意図をもつ主体として理解し，その他者とともに特定の対象を共有すること」（Tomasello, 2007）と定義される．意図をもつ主体は，目標を達成するために行動手段を能動的に選択する．乳児が他者の意図に気づいていることを示す客観的行動として，他者とモノとの間で視線を交替させる行動が利用される．こうした共同注意行動は，さまざまな行動形態（指さしなど）をとって，生後9か月頃から出現する（トマセロ，1999/2006）．この乳児，他者，モノの3項間でのコミュニケーション形態は，**第2次間主観性**（secondary intersubjectivity）ともいわれる（Trevarthen & Hubly, 1978）．

　　しかし，共同注意の9か月出現説には異論もある．生後半年以前の対面的な交流場面にも共同注意とみなせる現象が存在するからである．大藪（2004）はこの現象を**対面的共同注意**として論じてきた．上述したレゲァスティ（2005/

2014）の研究で見たように，生後半年ころの乳児には他者の意図理解が可能であることが見いだされており，対面的共同注意の場面でも乳児はすでに他者の意図を理解したやり取りをしていることが推測される．近赤外線分光法（NIRS）を使った研究では，5か月児が成人の視線の動き追跡する際に，共同注意と関連がある前頭葉が活性化したという報告もある（Grossman & Johnson, 2007）．

(2) 指さし行動

　共同注意の代表的な行動である指さしは，生後9〜12か月の間に出現する．指さしには，他者の注意を対象物に向けさせる意図がある．同時にそれは，他者も対象物を見ることができることを想定した行動である．

　指さしには，要請，叙述，情報提供の指さしの3種類がある（トマセロ，2008/2013）．いずれの指さしも，共同注意行動といえるためには，相手の目や顔を振りかえって見ることが必要である．この**チェッキング行動**によって，相手と一緒に見ようとしていることが明確になるからである．**要請の指さし**は，何かを獲得しようとするときに出現する．**叙述の指さし**には，対象物を手に入れようという意図はない．相手と対象物を共有しようとするだけである．それゆえ，叙述の指さしは要請の指さしより，相手の意図をいっそう明確に認識している．**情報提供の指さし**は，落とし物を知らせるような，相手のためになる情報を知らせたいときなどに使われる．

　トマセロ（2008/2013）は，こうした指さしには他者と共有したり助けたりする協力的動機が反映されていると論じている．また，こうした共同注意や指さしには，対象物がもつ情報を他者から得るための**社会的参照**[*]としての働きもある（レゲァスティ，2005/2014）．

(3) 模倣行動

　サル真似ということばがあるが，サルには真似がむずかしい．サルに**模倣**させるためには，報酬を与えて，模倣させる行動の形に少しずつ近づけていく手続きが必要になる．

　他方，人にはきわめて高い模倣能力がある．その起源は，新生児模倣や情動共有にまでさかのぼる．たとえば他者との間で見られる社会的微笑は，相互に同型的な表情をとるため，情動的な模倣である．いずれも人以外の霊長類でも観察されており，進化的な基盤がある（第3章）．しかし模倣に高次な働きをもたせたのは人間だけである．

メリーゴーラウンド式の玩具（図4-3）を使った額押し模倣の実験がある（大藪，2004）．例示者は玩具の上部にあるボタンを額で押して，中のキャラクターを回して見せた．手で押したのを見て，子どもが手で押しても模倣とは断定できない．子どもは，手で押すところを見なくても，自発的に手で押すからである．15〜18か月児では6割以上，21〜24か月児では8割以上の子どもで額押し模倣が観察されている（図4-4）．

図4-3 メリーゴーラウンド式の玩具

図4-4 18か月児の額押し模倣
（早稲田大学発達心理学研究室，2002）

チンパンジーと人の2歳児を対象に，モノを引き寄せる動作模倣を比較検討した研究がある（Nagell et al., 1993）．例示者は，先端に熊手と板が上下についた一本の棒を使って，手の届かないところにある魅力的な小さなモノを引き寄せた．引き寄せ方が二つあり，一つは熊手を使って引き寄せる方法（モノが小さくてうまく引き寄せられない），もう一つは板で引き寄せる方法（簡単に引き寄せられる）であった．人間の2歳児はどちらを見せられても模倣した．つまり，うまく引き寄せられない熊手も忠実に模倣しようとした．チンパンジーはモノをうまく手に入れるためにすぐに使い方を変えた．熊手が使われるのを見ても，板の方を使ったのである．人間の子どもとチンパンジーはどちらが利口なのだろうか？

それは例示者のどこに注目したのかという点から説明できる．チンパンジーは棒の操作とモノとの関係だけに注目したのに対し，人の子どもは例示者の行動の目的や意図にも注意を向けたと考えられる．人の子どもには，例示者の目的や意図を確かめるために，モノをうまく引き寄せられない動作も模倣する必要を感じたのである．換言すれば，人の子どもは例示者の立場に立ち，その視点から課題場面を見る必要にせまられたのである．他方，チンパンジーは棒で

モノを獲得できればよかった．それゆえ，チンパンジーには，例示者の心の世界を自らの経験の一部として取り込むことはむずかしいのである．

　この推論は額押し模倣をした1歳児にもあてはまる．ボールを回転させることだけが目的なら，ボタンを手で押せばよい．しかし，人の1歳児は「この人はどうして額で回すのだろう」と感じてしまう．だから，自分でも額を使って確認したくなるのである．

　こうした**意図模倣**は，人間に育てられ，その文化になじんでいるチンパンジーにもあることが知られている（Buttleman et al., 2007）．人の文化になじむと意図模倣が可能になることは，チンパンジーにそなわる能力の高さを示している．しかしそれ以上に，人間の育児行動にはチンパンジーの行動さえ変容させる影響力があることに注目すべきであろう．

4　自己感と他者感の発生モデル

　レディ（Reddy, 2003）は，他者の注意に対する気づきという視点から，乳児の自己感と他者感の発生モデルを提示している（図4-5）．認知の発達を基盤におく見方が左側であり，情動関係を基盤におく見方が右側である．

　ピアジェ（1948/1978）の認知発達理論では，乳児は**感覚運動期***にあり外界を身体の感覚と運動で理解しており，**表象能力**の出現は18か月ころとされる．レディによれば，こうした認知的な見方では，他者を注意主体として，また自己を注意対象として気づかせるのは，この高次な表象能力である．それゆえ，注意主体としての他者への気づきは，生後12か月ころの共同注意の時期に始まり，また注意対象としての自己への気づきは，鏡像認知が始まる生後18か月ころになるとされた．しかし，前述したように，自己感や他者感の出現を検討する近年の研究は，こうした認知発達を基盤にした見方とは矛盾する結果を示している．

　一方，情動関係論的観点では，注意主体としての他者への気づきや注意対象としての自己の気づきは，心理学的主体としての自己や他者を表象する能力によって生みだされるのではない．むしろ，それが自己や他者の表象を生みだしてくるのである．生後2か月ころ，乳児は他者から自己への注意に反応し，微笑などの情動を表出する．こうした情動的な関係性を基盤に，乳児は4か月ころまでには，発声などで他者の注意を積極的に自分に誘導するようになる．生後半年を過ぎてくると，大げさな動作をしたり，もっている物を差し出したりして，他者

の注意を自分の特定の動作に向けさせるようになる．こうした他者との経験の中で，乳児には自己感や他者感が次第に育ってくると考えられる．

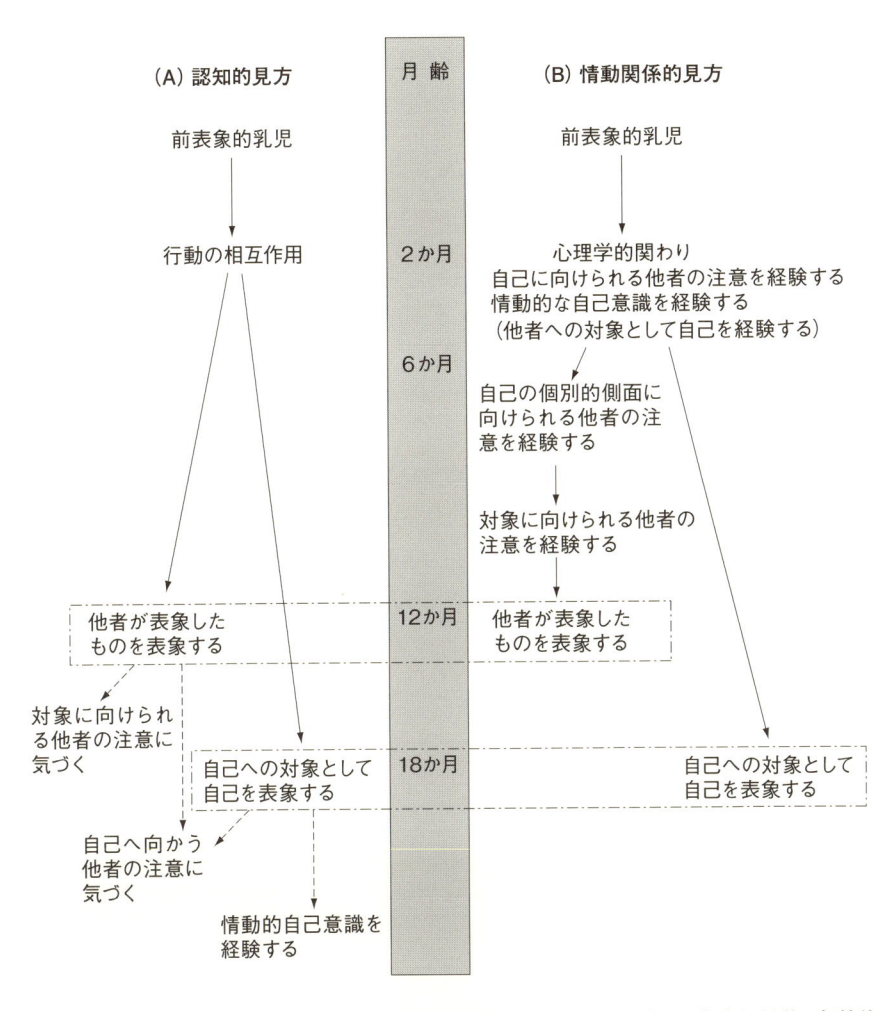

(A) 認知的見方	月　齢	(B) 情動関係的見方
前表象的乳児		前表象的乳児
↓		↓
行動の相互作用	2か月	心理学的関わり 自己に向けられる他者の注意を経験する 情動的な自己意識を経験する （他者への対象として自己を経験する）
	6か月	自己の個別的側面に向けられる他者の注意を経験する
		↓
		対象に向けられる他者の注意を経験する
他者が表象したものを表象する	12か月	他者が表象したものを表象する
対象に向けられる他者の注意に気づく		
自己への対象として自己を表象する	18か月	自己への対象として自己を表象する
自己へ向かう他者の注意に気づく		
情動的自己意識を経験する		

図4-5　自他感の発生モデル（Reddy, 2003を修正）(A)認知的見方（認知発達心理学の伝統的見方），(B)情動関係的見方（自己の他者対象化が早期に生じる）

5　意味に気づくとき

　人が生活する世界は**意味**に満ちている．しかし，その意味には見ることも，聞くことも，さわることもできない．その意味に，意味世界の存在を知らない乳児がどうして気づけるのだろうか．この問いは重要である．なぜなら，意味に気づき，他者と共有できるとき，乳児は生物としてのヒトから**文化**を生きる人へと変容し始めるからである．

1) 行動の意味

　泣きも微笑も乳児が生まれつきもつ反射的な行動である（第3章）．しかしその反射的な行動に人は敏感に反応する．乳児が泣けば，母親はかけつけて面倒をみる．ほほえめば母親もほほえんでみせる．こうした経験の繰り返しは，乳児に自分の行動が人との関係でもつ意味に気づかせる．指さしを考えてみよう．乳児には面白いものに気づくと自動的に指さしをする時期がくる．その指さしに気づいた母親は指し示された事物を見て，乳児と共有しようとするだろう．「あらワンワンだね」というように．こうして，乳児は指さしが事物を人に気づかせる意味をもつ行動であることを理解し，自分の行動に意味づけをし，それを道具として使いだす．こうした意味世界の理解の発達を，ヴィゴツキーは子どもと人との〈精神間〉から子どもの〈精神内〉への発達として論じている（Vygotsky, 1978）．

2) 物の意味

　乳児のまわりは意味をもつ物であふれている．乳児はその意味にどのように気づいていくのだろうか．たとえば離乳食で使うスプーンの意味をどのように理解するのだろうか（ここでの「物」は意味が付与された文化的なもの，「モノ」は物質としてのものをさす）．

　スプーンの意味は，スプーン自体に存在する．なぜなら，スプーンは何かを「すくう」ために人が作りだした物だからである．スプーンにはすくうという意味が付与されている．もう一つの存在場所，それはスプーンを作りだした人や，それを使う人である．人は，何かをすくうためにスプーンを作り，それを使用している．人はスプーンのもつ意味を知っているがゆえに，それを作り，使うことができるのである．

このように考えると，乳児が意味に接近できるルートはおのずと知られよう．一つは，スプーンというモノへのルートである．もう一つは，スプーンを使う人へのルートである．

モノへのルートをたどってみよう．乳児は，自分でスプーンを操作すれば，いつしかその用途に気づき，何かをすくうようになるだろう．乳児がスプーンで何かをすくおうとすれば，その意味を理解したといえるだろう．しかし，その意味は他者との間で共有されてはいない．それゆえ，それは他者とのつながりを欠いた「自閉的」なスプーンでしかない．

もう一つのルート，それは人へのルートである．他者がもつ意味世界へのルートである．このルートは，情動共有と意図理解という原初的な形態をとって乳児期の早期から存在する．人が使っているスプーンに注意を向けて共同注意の状態になるとき，乳児はスプーンですくおうとする人の意図を理解できる．乳児は，人がスプーンを使ってすくうとき，それをただモノと動作との結びつきとして理解するのではない．すくって見せる人の意図を理解しながら，スプーンはすくって食べものを口に運びいれる物であるという意味を理解する．その意味は，他者とつながり，他者との共有が可能な意味である．

乳児は，この人へのルートとモノへのルートをたどりながら，人と物がもつ意味世界への気づきを深めていく．人の乳児の心にそなわる情動性と静観性の働きが，その深まりを可能にさせる．それは意味の集積体である文化への参入の始まりである．

［大藪　泰］

＜用語解説＞
＊**社会的参照**　見知らぬモノにどう対処したらよいかわからないときに，他者の表情を見て，その対処の仕方を探ろうとする行動．
＊**感覚運動期**　ピアジェ理論の最初の発達段階．目，耳，手といった身体を使って認識活動をする時期．誕生後2年間を指す．

重症心身障害児の人間関係

1. 重症心身障害児とは
　重症心身障害児（重症児）とは，知的障害と運動障害が重複し，それぞれ重度な状態にある子どものことである．しかし，実際の姿はそう単純ではなく，視覚障害，聴覚障害もともなう子どももいる．
　このような子どもたちにおいては，まずもって生命と健康の維持に最大限の注意を払う必要がある．近年では，痰の吸引や経管栄養，人工呼吸器の管理などの医療的ケアが必要な重症児が増加してきており，子どもたちの生命維持に関わる医学的管理が学校現場では大きな課題となっている．

2. 重症児との出会い
　重症児は，目も耳も医学的にほとんど問題がないにもかかわらず，教師の言葉かけに応答せず，モノを見せても見てくれないことが多い．
　さらに重度なケースでは，寝ているか起きているかも定かではなく，ほとんど反応らしきものを認めることが困難な場合もある．自発呼吸があり，生きていることは間違いないが，周囲からの働きかけに対する応答がほとんど，あるいはまったく認められない場合，教師は途方に暮れることになる．
　この子らとの関わりを通して，私たちは，「教育とは何か」，「いのちとは何か」という問いに向き合うことになる．この子らは「いのち」を生きている．ここにあるのは「いのち」だけかもしれない．「はだかのいのち」，重症児療育に30年以上携わった医師の高谷清はこの子らをこう呼んでいる（高谷，2011）．

3. 重症児との人間関係
　人間関係の基盤は，コミュニケーションにある．発達の初期段階にある重症児は他者に何かを伝えようとする明確な意図を，おそらくもっていない．これは定型発達の乳児と同様である．重症児に表現らしい表情・動きが見られたとしても，それは身体の状態変化による情動の〈表出〉に過ぎないだろう．しかし，心ある教師はそれを意味づけ，自分に向けられた〈表現〉として受け止め，対応していく．
　このように，受け手となる教師によってかろうじて維持されているのが，発達初期にある重症児のコミュニケーションの特徴である（細渕，2007）．
　このことは，さらに状態が悪化し，ほぼ植物状態にある重症児との関わりにおいても同様である．教師は意識が不鮮明で「反応がなく」，「目もあわない」子どもに語りかける自分の行為に当初は「無理」を感じる．外から眺めれば，一人芝居にしか見えないだろう．しかし，日々子どもと関わっていくとわずかな変化をそれと認めるようになる．そこに，その子らしい〈表現〉を読み取れるようになる．こうした変化は，教師の「この子に何かを伝えたい」という思い，そして「この子は何かを伝えようとしている」という願いによってもたらされるものである．

［細渕富夫］

乳児期：赤ちゃんの食と人間関係

　人間の食の原点は哺乳である．人間の赤ちゃんとチンパンジーなどの霊長類の赤ちゃんでは，哺乳のリズムが異なる．霊長類の赤ちゃんは，一度おっぱいを飲み始めるとお腹がいっぱいになるまで休まないのに対して，人間の赤ちゃんは吸って休んで吸って休んでのリズムを繰り返す（Wolff, 1968）．栄養摂取の効率からみれば，霊長類の哺乳の方が人間の赤ちゃんの哺乳よりよい．野生の霊長類の場合，いつどこで敵におそわれるかわからず，できる限り短時間で栄養を摂取しなければ死んでしまうかも知れない．一方，人間の赤ちゃんがおっぱいを吸うのを休んでいる間にお母さんが子どもをゆさぶっており（Kaye & Wells, 1980），母子の間で対話のようなやり取りがあることが示されている．

　赤ちゃんの哺乳中の母親とのやり取りは，赤ちゃんの発達とともにダイナミックになる．新生児のころは何とか吸いついて飲むことに精一杯であるが，手足の機能が発達してくると，赤ちゃんは哺乳中に母親の服を引っ張ったり，顔や髪の毛をいじったり，足をバタバタさせたりして，おっぱいを飲むことに集中しないことも増えてくる．そのような赤ちゃんの行動に対して，母親は何とか集中しておっぱいを飲んでくれるよう声かけをしたり，母親の体を触られることを阻止したりして，半ばバトルのようになったりもする．

　生後5か月ごろになると，離乳食が始まる．離乳食は液体摂取のみの哺乳から固形食にむけての移行期間となる．離乳食が始まってからの最初の数か月は，母親から差し出されるスプーンを受身的に口に含むが，1歳に向かう頃になると自分の手を使って食べる自食が増えていく（Negayama, 1993）．また，だんだんと自分がそのとき欲しくない食べ物は拒否したり，食べさせられるのをいやがって自分自身でスプーンをもって食べたがったりなどして，赤ちゃん自身が自律的に食べようとするようになる．このような自律的行動だけでなく，赤ちゃんは食べ物や食具をいじったりして食べることに集中しないことも増えてくる．母親には赤ちゃんのこのような行動が「遊び」に見えてしまい，気を散らさず食べて欲しい思いから子どもの行動を制止することから，ここでも母親と赤ちゃんとの間にバトルが生じることも少なくない．

　このようにみてみると赤ちゃんの食は，母親との相互作用，環境との相互作用など多様な側面を有していることがわかる．母親との相互作用も単にポジティブなものだけではなく，ネガティブなものも含まれる．食を介したこのようなさまざまな相互作用を通して，赤ちゃんは自分の世界をダイナミックに広げていくのであろう．

［長谷川智子］

第5章

幼 児 期

　初めての誕生日を迎えるころ，子どもの心身の機能には大きな変化が生じる．子どもは一人で立ち上がり，やがて歩きだし，走り始める．手先も器用になり，小さなモノを親指と人さし指の先でじょうずにつまめるようになる．目の前にはない事物を思いうかべながら遊んだり，それをことばにしたりする能力が開花し始める．自分がしたいこととしたくないことがはっきりし，なにをいっても「いや」「だめ」と口ごたえをするように感じられ，いいだしたらテコでも動かない頑固さがあらわれる．これらは幼児期の幕開けをいろどる出来事である．1歳過ぎから6歳ころまでの幼児期に，子どもは自律性を高め，活動の領域を家庭から地域社会へと広げていく．

1　表象・ことば・鏡像

　いまここにはない事物を心内で**表象**すること，表象世界を**ことば**で表現し他者と共有すること，自己を表象世界で対象化すること，幼児はこうした精神活動を活発化させる．しかしその思考の論理的操作は未熟であるため，ピアジェ (1952/1967) は**前操作期**＊と命名している．

1）表象能力

　幼児期には**延滞模倣**や**ふり遊び**といった表象能力に基づく活動があらわれる．延滞模倣とは，いまここにはない出来事を思いだして行う模倣である．ふり遊びでは，からのコップを使って飲むまねをしたり，積み木を車に見たてて遊んだりする．いずれの活動にも，目の前には存在しない事物をイメージなどに置きかえる心の働き，つまり表象能力を必要とする．

ふり遊びでは，コップを使って飲むまねをして遊んでいた子が，突然そのコップを帽子に見たてて頭にのせ，からかうような表情で母親の顔を見たりする．そこには，コップにそなわる飲むための道具という意味制約から離れ，自由に振る舞おうとする心のはたらきがある．子どもはふり遊びをしながら，**文化**に制約された物の意味を学ぶと同時に，その制約を破ろうとする．子どもは自分の表象世界でコップに新たな意味を見いだし，他者とその意味を共有しようとする．表象世界で遊ぶ子どもの心には，新たな意味創出が随所で生じている．

　こうしたふり遊びに見られるように，幼児の**遊び**は決して受動的なものではない．模倣しながら，文化に制約された物の意味を能動的に知ろうとすると同時に，意味世界を新たに誕生させようとする．そして，その意味世界の中に他者を取り込もうとする．子どもの表象世界には，他者によって構築された意味世界を探索しながら，そこに新たな意味を創出し，その意味を他者と共有しようとする能動的な働きがある．

2) ことばの世界

　ふり遊びは**象徴遊び**ともいわれる．あるものを指し示す別のもの，つまり**象徴（シンボル）**を利用しているからである．車に見たてて遊んでいる積み木は車の象徴である．積み木と車は形状が似ており，そこには類縁性がある．幼児は，積み木を見て，車を表象させやすい．ピアジェ（1952/1967）はこの象徴機能をことばの発現と結びつけた．

　ことばは象徴である．しかし，それはもっとも恣意性の高い象徴である（岡本，1982）．ことばとそのことばが指し示す事物には類縁性がないからである（「ブーブー」といった擬音語などは例外）．ことばはそれが指し示す事物と似ている必要はない．それはどんな音声でもよい．それゆえ，ことばが事物を指し示す象徴になるためには，人がことばと事物とを意図的に結びつけなければならない．そのとき初めてことばに意味があらわれる．たとえば，「アオ」という音声自体には意味はない．人によって青い色と結びつけられたときに，「青」という意味が出現し，「アオ」は「青」になる．英語では"blue"であり，言語の違いにより表現はいかようにでも変わりうる．つまり，ことばと指示対象の結びつきは，そのことばを使用する人の意図によるのである．

　ことばは他者と意味を共有するために使用されるコミュニケーション手段である．幼児がことばをコミュニケーション手段として有効に使用するためには，事

物を思いうかべる表象能力をもち，相手の意図を理解しながら，その人と意味世界を共有できなければならない．

　前章の「5-2) 物の意味」(p.44)で，乳児がスプーンの意味を獲得するプロセスを説明した．ここでは，「スプーン」ということばを理解するプロセスを見てみよう．母親がスプーンを使いながら「スプーン」というとき，子どもはスプーンというモノと「スプーン」という音声だけに気づくのではない．「スプーン」という音声でスプーンを指し示そうとする母親の意図にも気づくからである．このとき，子どもは，母親と共有した＜スプーンはすくう道具である＞という意味理解の世界に，「スプーン」という母親の音声をその指示の意図とともに取り込んでいく．こうして子どもは，他者と意味共有できる世界に，「スプーン」という音声を登場させるのである．それは，他者との意味共有を可能にさせる「スプーン」という音声との能動的な出会いである．スプーンの意味と「スプーン」という音声の意味とが等価であること理解した子どもは，みずからその音声を使って事物の存在とその意味を他者に伝えることが可能になる．

　幼児は，ことばを受動的に獲得する機械ではない．幼児は，ことばとその意味とを他者の意図とともに能動的に獲得する．自分の意味世界を表象世界の中で新たに誕生させようとする幼児は，ことばの意味世界を学ぶと同時に，新たな視点から，そのことばと新たな意味を結びつけることもできる．幼児は，他者と意味共有が可能になったことばを使って，みずからの意味世界と他者の意味世界との創造的な出会いを経験する．その出会いには，子どもの考える世界を飛躍的に複雑にし，新たな展開を可能にさせる力が秘められている．それは子どもが生活する意味世界をまたたくまに拡大させていく．

3) 鏡像自己感

　表象世界の発達は自己や他者との関係を劇的に変える．それは**鏡像**に対する反応にもあらわれる．

　顔に口紅をぬられた子どもが鏡を見たときの振る舞いから，その子の自己意識を調べる方法を**ルージュ課題**という．1歳前の乳児は，鏡に映った自分に手を伸ばすことが多い．鏡像を自分だとは気づけないためだとされる．1歳半を過ぎると，自分の顔に向けて指をさしたり，鏡に映った自分を見て恥ずかしそうにしたりすることがある (Zazzo, 1993/1999)．鏡像が自分だと気づけるからである．

　鏡に映った自分がいる場所．それは，本来，別の子どもがいる場所である．自

分はここにいるのだから、それは自分ではないはずである．しかし、そこにいる子は自分と同じ姿であり、同じように動いて見える．だから、それは自分のようでもある．すると、鏡の向こう側から自分を見つめる子は、他者でもあり自分でもある不思議な存在になる．それは知らぬまに他者に変身した自分である．それを自分だと確信できるためには、他者との間で経験してきた関係を取りあえず棚上げし、他者の位置にいる鏡像をもう一人の自分として表象できなければならない．そこには自己を他者の視点から体験できる心の働きが生まれている．

こうした**身体離脱的経験**（out-of-the-body experience: Rochat, 2010）が可能になったとき、子どもは鏡に映った像を自分だと確信する．同時にほんとうの自分は依然としてここにいるという感覚も揺るがない．これは、自分を外側から見つめる視点を獲得することで可能になる．それは自己を反省的にとらえなおす**自己意識**を生み出すプロセスへと向かうことでもある．自己への反省的視点に由来する自己意識の発達は、自他の関係構造を明確化させ、「ぼく」「わたし」という一人称代名詞の使用を可能にさせる（木下, 2011）．

2　心の理論

心の理論とは、自己および他者の行動の背後に、目的・意図・知識・信念などの心的状態の存在を理解する心の働きである．

1）誤信念の理解

ウィンマーとパーナーは、子どもに心の理論が存在するかどうかを検討するために**誤信念課題**を考案した（Wimmer & Perner, 1983）．主人公の男の子の名前がつけられた**マクシ課題**（図5-1）では、人形を使って演じて見せながら、マクシがチョコレートを緑の戸棚にしまって出かけると、母親がやってきて、ケーキを作るためにそのチョコレートを少し使い、青の戸棚にしまって買い物に行ってしまうと話して聞かせ、そこへ戻ってきたマクシは、チョコレートがどこにあると思っているか、という質問を子どもにするのである．マクシは母親がチョコレートを移したのを見ていないので、自分がしまった緑の戸棚にあるという誤った信念をもっているはずである．4歳以上になると、マクシは緑の戸棚を探すと答えるようになる．つまり、現実（チョコレートが青い戸棚にある）とマクシの心の中で表象されたマクシにとっての現実（チョコレートは緑の戸棚にある）と

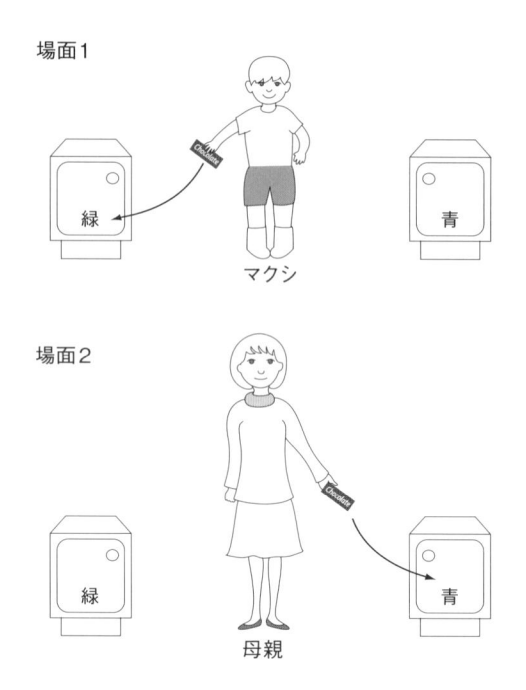

図5-1 マクシ課題の場面（ミッチェル，1997/2000を修正）

の違いの理解ができる．しかし，3歳児にはこの違いが理解できず，マクシは青い戸棚にあると思うと答えてしまう．この課題では，マクシの誤った信念を理解できるかどうかを指標にして，自分と他者にはその人に固有の心の世界があることが理解できるかの検討が可能になる．その理解は4歳以降になる．3歳児は，まだ自他が生活する意味世界を混同しやすいのである．同じ構造をもつ課題として，これも登場人物の名前から命名された**サリーとアン課題**もよく知られている．

　他者の誤信念だけでなく，自分自身の誤信念の理解も調べることが可能な課題として**スマーティ課題**がある（Perner et al., 1987）．スマーティとは欧米の子どもになじみが深いチョコレート菓子の名前である．スマーティを見せて，菓子箱の中にあるものをたずねる．子どもたちは「スマーティ」とか「チョコレート」とか正しく答えるが，実際には鉛筆が入っており，それを子どもに見せる．その後，箱を閉めて，「いま何が入っているか」と「最初にこの箱を見たとき，何が入っていたと思ったか」という2つの質問をする．前者の問いには3歳児も正

解できるが，後者の問いには3歳児の多くが「鉛筆」と答えてしまう．3歳児には，過去に自分がもっていた信念を思いだすことがむずかしい．「スマーティ」と正しく答えるようになるのは，これも4歳ころになる．

　誤信念課題は，自己と他者の表象世界の違い，自分の過去の体験表象と現在の表象世界の違い，の理解を問題にしている．ことばを使った誤信念課題では，3歳児では理解がむずかしく，4歳以降になると理解が可能になることがわかる（木下，2008；瀬野，2012）．

2）他者の経験知の理解

　4歳以前の幼児には心の理論は存在しないのか．すでに述べてきたように，乳児には他者の意図に気づく能力があった．その乳児に他者の心の世界は気づけないのか．乳児には心の理論の原初形を見いだせないのか．こうした問題を検討するために，ことばをまだうまく使えない子どもを対象にした実験が行われるようになってきた．ここでは，子どもの能動的な玩具選択行動を使った研究を紹介する．

　人は見た世界を知っているが，見ていない世界のことは知らない．自分が見た世界と他者が見た世界とは異なることがある．いずれも誤信念課題の解決に必要な推論である．トマセロとハバール（Tomasello, M. & Haberl, K. 2003）は，こうした推論が12か月児に可能かどうかを検討するために，ことばを使わずに検討できる実験パラダイムを考案した．

　その実験手順の要点を紹介する．実験群の子どもは，最初の玩具と2番目の玩具を順次使って実験者といっしょに遊んだ．その後，実験者は実験室から退室し，子どもは補助実験者と3番目の玩具で遊んだ（3つの玩具は異なる）．統制群の子どもは，最初の2つの玩具は実験群と同じように実験者と遊んだが，3番目の玩具場面では，実験者は子どもと補助実験者の遊びを2～3m離れた場所から見ていた．どちらの条件でも，遊びが終わって補助実験者が3つの玩具を並べたトレーを乳児の前に置くと，実験者は子どもの正面に立ち，3つの玩具を見ながら驚いた表情をして「見て！　それを見て！　それをちょうだい」などといいながら子どもに接近し，手伸ばしをした．

　その結果，実験群だけが3番目の玩具，つまり自分は見ているが実験者は見ていない玩具を選択して手渡すことができた．この手渡し行動は，実験者は自分自身が見ていない玩具をほしがるはずだと，子どもが推測したがゆえに生じたと

考えられる．筆者らも同様の手続きを用いて検討し，14か月児ではランダムな選択しかできないが，18か月児では3番目の玩具を選択することを見いだしている（大藪他，2012）．

こうした結果は，1歳前半には，子どもは他者が「見て知っていること」と「見ていないから知らないこと」に気づき，その知識をもとに他者の行動を意味づけ，みずからの行動を選択できるようになることを示している．筆者はこうした知識を，他者が経験によって獲得した知識という意味で**他者の経験知**と呼んでいる．この他者の経験知の理解には，目には見えない他者の心的状態の理解があり，4歳ごろに獲得される心の理論との関連性が推測される．

3 アタッチメント

子どもは不安や危険を感じると，自分を保護してくれる人のもとへ逃げ帰る．こうした**安全基地**に逃げ帰る行動を**アタッチメント**行動という．それは，探索行動と対をなしており，アタッチメント行動によって不安が軽減されれば，探索動機が喚起され，逆に，不安が高まれば，探索動機が抑制され，アタッチメント行動が活性化する（第6章を参照）．

1）アタッチメント研究の始まり

20世紀前半，精神分析理論と学習理論は，アタッチメント形成の起源を，母親による子どもへの授乳や食事の提供がもたらす口唇欲求充足によると考えていた．しかし，すでに動物行動学（ethology）は，ガンなどの大型の鳥類のヒナが食物を与えてくれない成体に対してもアタッチメントを形成することを**インプリンティング**[*]という現象として観察していた（藤田，1977）．やがて心理学の世界でも，不安を感じたアカゲザルの子ザルが，授乳可能な針金製の母親人形より授乳できない布製の母親人形の方に逃げ帰ることが見いだされた（Harlow & Zimmerman, 1959）．

アタッチメント理論を構築したボウルビィ（1969/1976）は，こうした知見に注目し，人間の乳児にも親との接近を維持し，危険から身を守るのに役立つ行動セットが生得的に存在することを主張した．それが，人への注視や追視という**定位行動**であり，泣き，微笑，発声という**信号行動**である．移動能力を獲得すれば，後追い行動が始まる．乳児は生得的に人を志向しており，その志向的行動に

対して鋭敏に応答する人にアタッチメントを形成させると主張された．

2) アタッチメントの安定・不安定

　子どものアタッチメント行動の個人差を測定しようとする方法はいくつかある．なかでも，1～2歳児とその母親を新奇な部屋にいれ，子どもに母親との分離場面と再会場面をそれぞれ2回体験させて，その場面での子どもの反応を観察する**ストレンジ・シチュエーション法***（Ainsworth et al., 1978）はもっとも信頼性の高い方法である．

　ストレンジ・シチュエーション法での子どもの行動から，**安定型**，不安定型（**回避型，アンビヴァレント／抵抗型，無秩序／無方向型**）という4つの類型が見いだされている．母親との分離時は苦痛を示し，再会時には安心する安定型は，自分を確実に慰めてくれる存在として母親を表象できる**内的作業モデル**（internal working model）をもつと考えられている（フォナギー，2001/2008）．幼児はアタッチメント対象である母親を安全基地として活用し，見知らぬ世界に向かってみずからの活動範囲を広げていく．

　<**不安定型の臨床事例**>

　子どもの心理相談場面では，プレイルームで母親を安全基地として活用できない子に出会うことがある．2歳10か月のS児は，ことばが数語しかなく，不安が強いということで来談した女児であった．一人では自宅の外に出られない，ハエやアリといった小さな虫，電話や家の外から聞こえる車の音などが怖く，母親にしがみついてくるとのことであった．

　プレイルームでの初回面談時，S児はカーペットが敷かれたプレイルームの入り口で全身を緊張させて正座した母親にしがみついたままであった．通常は，初回の相談場面でしばらくすると母親から離れて，備えつけの玩具で遊びだすのが普通である．しかしS児は，2回目も3回目も，母親にしがみついたまま一瞬も離れられなかった．母親へのしがみつきはアタッチメント行動であるが，S児は母親にしがみついても安心感を得ることができず，探索行動に移れなかった．ことばの遅れも，ことばという新しい世界への探索心が発揮できないでいるせいかもしれないと推測された．

　厳しいしつけをS児に強いてきた母親には，ありのままのS児を大切にしてほしいこと，S児の感じていることや考えていることを共有してほしいこと，S児の発達の歩みを尊重してほしいことなどを少しずつ伝えていった．アタッチメ

ント関係が良好になり，プレイルームで母親から離れて遊べるようになると，S児のことばの遅れも強い不安感も徐々に改善していった．

3) アタッチメントと心の理論

フォナギーら（Fonagy et al., 1997）やマインズら（Meins et al., 1998）によって，安定型のアタッチメントを示す乳児は幼児の心の理論課題の高い成績を予測するとされた．

子どものアタッチメントを安定させる要因としては，母親の**感受性**（sensitivity）が注目されてきた．感受性の高い母親は，母親が乳児のシグナルに気づき，正しく解釈し，タイミングよく適切に応答するという特徴をもち（Ainsworth et al., 1978），そうした母親の子どもほどアタッチメントが安定すると予測された．しかし，アタッチメントの形成因として，母親の感受性がもつ説明力は十分ではないことが知られてきている（遠藤，2008）．

近年，子どもの視点から物事を見る能力，すなわち，子どもが現在どのような状態にあり，環境についてどう感じているかを，子どもの視点からとらえる姿勢がより重要だと考えられるようになった（篠原，2013）．たとえばフォナギー（2001/2008）は，母親による自他の内的な心の状態に対する**内省機能**（reflective function）を重視し，マインズ（Meins, 1997）は，子どもには早期から明確な心があるとみなし，子どもの行動を心の働きとして解釈し，心的な状態に関することばを発話として表現しやすい Mind-Mindedness（以下 MM）が，アタッチメントの安定性に寄与することを指摘している．

こうしたアタッチメント研究の進展によって，幼児の心の理論の成績を予測するのは，アタッチメントの安定性というよりむしろ MM の高さであることや，MM が中等度であることがアタッチメントの安定性に寄与することが見いだされている（篠原，2013）．

4 家庭から地域社会へ——アタッチメント対象と意味世界

幼児が家庭から地域社会へと活動領域を拡大させる最初の大きな出来事は，保育園や幼稚園への入園である．3歳児の T 君が幼稚園に入る前に見せた発言を手がかりに，幼児が活動領域を広げるときに体験する世界を垣間見てみたい（大藪，2013）．

3歳児のT君は，幼稚園に行くことをとても楽しみにしていた．幼稚園にはやさしい先生と仲良しの友達がいて，とても楽しいところだと思っていたからである．そんなT君に，入園予定の幼稚園から運動会への招待があった．

> **＜招待された運動会＞**
> 運動会はT君の想像をはるかに超えていた．やさしい先生や仲よしの友だちなどいなかった．大きな音楽がガンガン流れ，大人はせわしなく動きまわり，赤白帽をかぶった子どもは大声を出して飛び跳ねていた．T君は呆然と立ちつくした．そこで見たのは，のたうちまわっている巨大な怪獣のようなものだったのかもしれない．T君の出番になった．一人で旗をもらいに行くゲームである．行きたくないけれど，行こうとお母さんから離れた瞬間，旗をもらってきた元気な子に突き飛ばされてしりもちをつき，大泣きをしてしまった．

(1) 「幼稚園きらいー！行かないー！」

3歳児の表象世界は情動の影響を受けやすい．幼稚園の運動会の怖さに驚いたT君の心は幼稚園を怖さ一色に染めてしまう．その恐怖の情動はT君の心全体を怖がらせる．しかし，怖さに負ければ，T君の心は活動領域を広げられない．「幼稚園きらいー！」という発言は，その怖さに押しつぶされないようにするT君の**自我**の働きである．こうしたときには，母親がT君の怖い気持ちを受容すると，安全基地に戻ったようになり，T君の気持ちは安心しやすい．安心した気持ちは，T君の幼稚園イメージを安心した方向に向けやすくする．

(2) 「幼稚園の先生，これ上手ねって言う？」

入園のひと月前，なんとか一日入園を無事にすませたころの発言である．表象の世界で幼稚園に行って，お絵かきをしているリハーサルをしているのであろう．幼稚園の先生のかわりに，母親のところへ描いた絵を見せにくる．T君が，表象世界では，すでに幼稚園と家庭の間を行き来していることがわかる．知らない幼稚園の先生が自分にどんな対応をしてくるのか不安である．みんなが行っている幼稚園には行きたい気持ちもある．おうちの方がいいという気持ちもある．そんな葛藤状態を，母親という安全基地を使って乗り越えようとしている発言であろう．

(3)「ぼく先生の時計，こわしちゃうんだ．そしたら，先生，なんて言う？」

T君が，怖い幼稚園に勇気をだしてでかけ，先生と勇敢に戦っている様子がうかがえる．幼稚園に行って，いじわるな子や，怖い先生に負けないようにするリハーサルを，表象世界で一所懸命にしている．お母さんはビックリしながらも，「そうねー，先生の時計こわしちゃうんだ．先生，泣いちゃうかもね．先生がT君の時計を取ろうとしたら，『取っちゃだめ！』って言ったらいいよ．そしたら，先生，きっと取らないと思うよ」と話したという．母親が自分の気持ちをしっかり受け止めてくれたと感じ，先生も話せばわかってくれるのだと理解して安心したのだろう，T君はなるほどという顔をして，別の遊びをし始めた．

幼児は，過去の体験を想起し，未来の体験を予測しながら，現在を体験している．それは表象世界の出来事である．しかし，論理的な操作が未熟で情動的な心の動きに左右されやすい幼児の表象がもつ意味世界は，他者とりわけアタッチメント対象である母親との関係によって大きく影響される． ［大藪　泰］

＜用語解説＞

* **前操作期**　ピアジェ理論の2番目の発達段階．表象能力が急速に発達するが，思考はまだ論理性に欠ける．2〜7歳ころ．
* **インプリンティング**　ほぼ成熟して孵化するアヒルなどのヒナが，孵化直後に出会った運動物（通常は親）の後を追って歩く現象．刷り込み．刻印づけ．
* **ストレンジ・シチュエーション法**　新奇な実験室での見知らぬ女性との出会い，母親との分離や再会場面を使って，子どものアタッチメントの個人差を測定する方法．

自閉症臨床からみた発達：SCERTS モデルの発達観

　SCERTS モデル（プリザント他，2006/2010）は，社会コミュニケーション・情動調整の支援を中心とした自閉症スペクトラム障害児（ASD 児）への包括的な教育モデルであり，さまざまな発達理論，実践の技法，介入研究のレビュー（NRC, 2001）を踏まえた学際的なアプローチである．
　このモデルの特徴の一つは，子どもを環境とともにとらえて支援することにある．たとえば，アセスメントでは，テスト場面である行動ができるかどうかを評価するのではなく，自然な生活文脈の観察をとおして，どんな場面でどんなパートナーとの間でできるのかを見る．また，子どもを取りまく環境や周囲の人々の関わり方もアセスメント・介入の対象となり，家族や同僚へのサポートも重視される．この背景には，発達とは子どもと文脈が互いに影響を与え合う相互作用プロセスの結果であるという発達観がある（Sameroff, 1987）．子どもと文脈は切り離せない関係にあり，両者が変化していくのである．
　ここでは，子どもは，生まれもった能力や脆弱性をタイムスケジュールに合わせて発現させる存在でも受動的にスキルを指導されるだけの存在でもなく，環境から能動的に学びとって変化していく学習者とされる．したがって，支援においては，子どもにとっての意味や目的に配慮して環境をデザインしなければならない．また，専門家は，子どもの力を伸ばすことだけに焦点化するのではなく，家族や同僚をも支援するように役割を拡張しなければならない．
　SCERTS モデルでは，社会コミュニケーションと情動調整が支援の柱とされる．ASD 児と環境との相互作用において，これらが最も重要かつ難題となる領域と考えられるからである．たとえば，社会的な環境から言語や物の扱い方や出来事への情動的評価の仕方などを学ぶとき，共同注意の力が不可欠である．しかし，多くの研究が ASD 児における共同注意の困難性を指摘している．また，環境に適応的に参加するためには，最適な覚醒水準でいることが必要である．しかし，ASD 児はさまざまな要因から覚醒が高くなりすぎて行動問題に帰結したり，逆に覚醒が低すぎて環境に参与できない状態になったりすることが多い．これらの難題は社会的環境からの学びの障害となり，社会コミュニケーションや情動調整の発達をさらに制限する．SCERTS モデルは，このような悪循環に介入し，子どもと環境との相互作用をポジティブなプロセスに変えていくことに取り組む．
　こうした支援は一人ひとりに合わせて行われる．ASD 児は典型発達児と同じ発達過程をたどるわけではないし，同じ ASD 児でも長所やニーズは異なる．また，それぞれの置かれた環境や家族の価値観も異なる．支援目標を選ぶときも，支援方法を計画するときも，こうした発達の個別性は最大限に尊重される．したがって，SCERTS モデルはどこでもだれにでも同じ手順で行われるわけではなく，多様な道筋を描く．このモデルの実践は発達の理論を背景にしていると同時に，私たちの発達に関する理解を拡張してくれるだろう．　　　　　　　［仲野真史］

第 6 章

児　童　期

　児童期になると，義務教育が始まる．子どもは社会で生きていくための学習を正式に始める．学習には，歴史の流れや，自分の生きる世界とまったく異なる社会に生きる人たちの存在を知る学習もあれば，長い歴史と広い世界の中に自分がいる意味を考えることの学習もある．いくつかの集団に同時に所属し，多様な価値観や規範を自分の中で重ね合わせて調整することの学習も大切だろう．子どもたちの学習と成長を支えるためにはどのような人間関係が必要なのかということも，あわせて考えてみたい．

1　小学生になるということ

　日本の子どもにとって，小学校入学は，義務教育が始まるという意味で人生の中での一つの区切りとなっている．大人の社会で，「社会人一年生」「お母さん一年生」などというとき，その「一年生」は中学でも高校でもなく「小学校一年生」を指しており，新しく何かを始めることを象徴する言葉として用いられている．

　では，小学校一年生になったとき，子どものライフサイクルの中では何が始まるのだろうか．生涯発達心理学の祖であるエリクソン（1950/1977）は，『幼児期と社会』の中で，アメリカ・インディアン族のフィールドワークに基づきつつライフサイクル論を展開した．彼によると「人生にはまず学校生活がある．その学校は野原であったり，ジャングルであったり，あるいは教室であったりするが．（中略）子どもは心理的にはすでに人の親になるべき初歩的歩みを始めていても，生物学的にはまだ親にはなれない．しかしそうなる前に，彼はまず働く人になり，将来の供給者になる準備をしなければならないからである．」「今や彼は

いろいろな物を生産することによって周囲の承認を獲得することを学ぶのである.」「子どもは,ある一定の技能や仕事（中略）に進んで身を入れようとするようになる.彼は勤勉の観念を発達させるのである.」

　小学生になることは,日本では「勉強」という名の,社会人になるための基礎訓練の始まりであり,学ぶ存在としての「学生」生活の始まりである.日本では,小学生から高校生までは生徒と呼ぶが,ここでは小学生を学生に含める.7歳ごろに学校で学ぶことが始まるのは,子どもの認知能力の発達に沿っている.ピアジェ（1970/1972）の認知発達理論に従えば,この時期,子どもは**具体的操作期**に入り,論理的に考えることができるようになる.そして,中学年ごろになると,概念の操作や自分自身の認知過程についての認知（メタ認知）も可能になり,思考の計画性が発達し,話しことばだけでなく書きことばの機能も発達する（藤村,2011）.高学年になると,ピアジェの認知発達段階でいう**形式的操作期**に入り,抽象的な概念の論理操作を頭の中でできるようになる.遺伝的には98.8％ヒトと等しいといわれるチンパンジーは,簡単な推論はできるようだが（松沢,2011）,ヒトがチンパンジーを知的に超えたとたしかにいえるのはこの形式的操作期に入った時期以降だろう.

　そして,松沢によると,チンパンジーとヒトのもっとも大きな違いは,想像する力の時間と空間の広がりであるという.チンパンジーは自分の先の姿を想像する力がないために,瀕死の怪我を負っているときでさえ,絶望せず明るく振る舞うという.しかし,彼らは遠い将来を想像できず,未来への希望ももてない.

　子どもは小学校に入って「読み書き算盤（算数）」のような基本的な学びのリテラシーに始まり,多くの知識や技能を学んでいく.しかし,児童期に小学校に入って学ぶことができるもっとも大きなことは,今自分が生きている身近な世界を超えた視野をもつ「人間らしい」心の営みである.つまり,広く大きな世界に生きる他の人々や,自分が生きていなかった過去,死んだ後の将来の世界についてまでも想像をめぐらすことである.そして,広い視野の学びのもとに,人は自分の生きる意味を考えることができるようになる.

　しかし,そのような広い学びのためには,安心して学べる環境が必要である.その環境の中でも重要なのは,安心できる人間関係としての「安心な**アタッチメント関係**」である.

2 児童期のアタッチメント

人間は生まれながらにして何かを探索しようする心の傾向をもっており，これを探索システム（seeking system）と呼ぶ．脳科学では，情動システムの一部として探索システムがあるとされる（ソームズ＆ターンブル，2002）．この探索システムが報酬システムなどと結びついて学習がなされる．探索システムとシーソーのような関係にあるのが**アタッチメント・システム**＊である（Ainsworth et al., 1978）．安心して学べない環境になったときに，安心を取り戻そうとする心の働きがアタッチメント・システムである．

アタッチメント・システムとは，人間が心身の安全をおびやかされるような危機に出会い，不安や恐怖などの感情が高まったときに，本能的に不安や恐怖をしずめてくれるだろうと思われる人に近づき，心身の保護を求め，安心した心の状態を取り戻す，という心の安全装置のようなシステムである（図6-1）．「アタッチメント」は付着するということであり，心理学でアタッチメントというときには，不安なときに誰か（アタッチメント対象）に近づこうとする心の働きを指している．

アタッチメントはしばしば「愛着」と翻訳され，誤解されやすい概念である．欧米の研究者の中にも「愛情」と混同している人がいる（クラウス他，1976/1979）．「アタッチメント」は本来中立的な概念であり，「温度」に熱い温度から

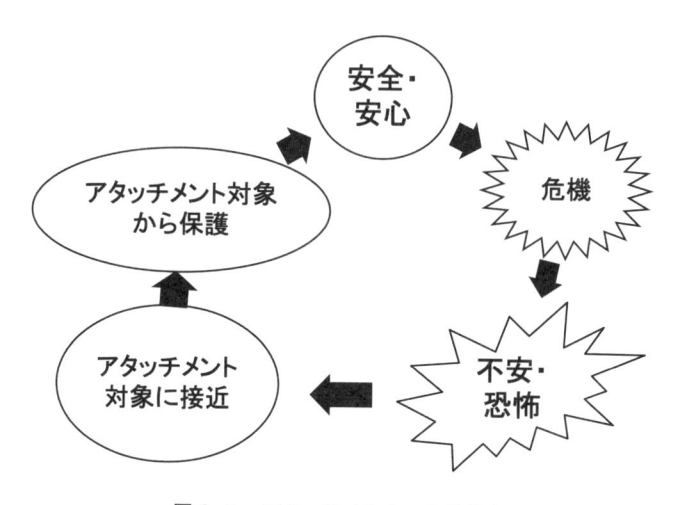

図6-1　アタッチメント・システム

冷たい温度まで幅があるのと同様，アタッチメントにも共感や愛情をともない安心をもたらす「**安心な（secure）アタッチメント関係***」から，冷たく葛藤的で安心させてくれない「**不安な（insecure）アタッチメント関係***」まで幅があり多様である．

　安心なアタッチメント関係は，アタッチする（近づく）子どもの成長や発達や自立を支え，うながす．一方，不安なアタッチメント関係は，成長や発達や自立を阻害する．不安なアタッチメント関係とは，次のような関係である．まず，アタッチする側の子どもの中に人に対する不信感や恐れがあるためにアタッチメント対象に上手に近づけない．次に，アタッチメント対象（親や先生など）の共感性が低かったり心に余裕がなかったりするために，近づいてくる子どもに対して，①無関心でこたえようとしなかったり，②拒否的に追い払うような反応をしたり，③怒りなどの攻撃的な反応でこたえたり，④子どもの気もちにおかまいなしに過度に子どもを甘やかしたりする，という場合である．

3　自我と超自我を育てる，安心なアタッチメント関係

　安心なアタッチメント関係は，子どもの成長や発達に必要不可欠な対人関係である（図6-2）．人間の心の部分を「感情や衝動の部分」と「自我」と「超自我」に分けて考える．「**自我***（ego）」は，落ち着いて現実的に情報を認識し，処理し，行動や感情を調整したり統制したりする心の働きである．「**超自我***（superego）」は，自我を含む自分を高い視野から全体的に見て，ある一定の価値観に基づいて自分のあるべき姿ややってはいけないことについての判断を下したり，生き方の方向性を示唆したりする心の働きである．自我と超自我は人間がさまざまな経験をするなかで育っていく．「超自我」は1923年にフロイトが提唱した精神分析学の概念である．いささか古い概念だが，倫理性，道徳性，価値判断，理想，人生の目標，生きる意味など，高いところから自分を統制する自分を超えた心の働きを全体として指すのにもっともふさわしい概念として今日も生きている．安心なアタッチメント関係は，自我と超自我の両方を育てる土台となる関係である．

　安心なアタッチメント関係が自我を育てるのは二つの局面においてである．
　第一に，自我は人間が他者との葛藤や自分の力の限界や思いどおりにならない現実などと取り組む経験の中で育っていく．さまざまな壁にぶつかることは子ど

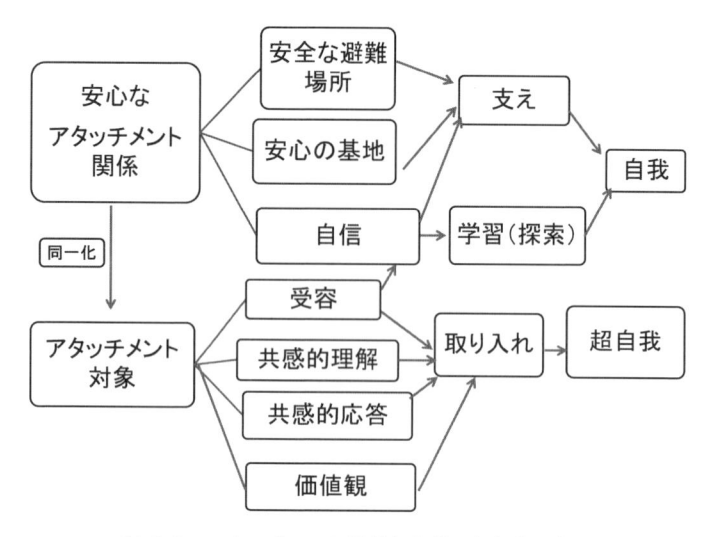

図6-2 アタッチメント関係と自我・超自我の成長

もにとっての「危機」である．このとき，安心なアタッチメント関係が，ときにはしっぽをまいて逃げ込む**安全な避難場所**（safe haven）となり，ときには子どもを背後から応援し，**安心感を供給する基地**（secure base）となることで，子どもは危機を乗り越えることができるのである．仁平（2014）によると，近年，注目されているリジリエンス研究の中で，心の回復力があった人の特徴としてあげられているものの一つに，「自分を見守ってくれる人は必ずいると信じ，必要なときには人の助言や助けを求めることができる」がある．虐待などの逆境にあっても心の回復ができた子どもには「メンター」がいたという．「メンター」とは，社会的に未成熟な段階にある青少年に対して，関心を寄せ，見守り，そして指導をしてくれる役割の年長者である（仁平，2014）．メンターは，まさに安心なアタッチメント対象である．そして，リジリエンスとは，逆境から回復する局面において働く自我の力である．すなわち，安心なアタッチメント対象であるメンターの存在は，逆境を乗り越える自我の力を支え，育てていると言えよう．

　第二に，人間は危機を乗り越えるためにさまざまな知識や技能の学習をしなくてはならない．学習も自我の機能の一つである．学習という探索システムの働きはアタッチメント・システムにより安心感が得られた状態で活性化する．探索システムを実行に移すこと，知的あるいは行動的に未知の領域に足を踏み入れるには，「度胸」を要する．この度胸の源となるのが，心の中にしっかりと内在化さ

れた安心なアタッチメント関係が供給する「自信」や「自尊心」である．ただし，この度胸は，のちに述べる超自我の承認とも関係している．

　小学校教師が，子どもが問題解決に行き詰まるという危機にぶつかったときに，子どもにとっての安心な**アタッチメント対象**として機能していることを示唆した研究がある．角南（2013）は小学校教師34名の面接調査を行った．教師主体の問題解決方略や子ども主体の問題解決方略だけでは問題解決に結びつかないと判断される場合がある．たとえば，自分の非をなかなか認められず状況が適切に判断できない場合，またはどうしても納得できない場合である．このような場合に，教師は子どもの気もちを理解したり存在を肯定したりするような「受容的関わり」を行っていることが明らかになった．受容的関わりを付与することにより，子どもは落ち着き，状況を冷静に判断できるようになるという．この研究の「受容的関わり」は共感的応答であり，まさに安心なアタッチメント関係を提供する関わりである．

　次に，安心なアタッチメント関係が超自我を育てるとはどういうことだろうか．「超自我」の働きは，あるべき姿や，してはいけないことについての指針を示し，ときに自分をほめ，ときに自分を叱ることである．超自我は，自分が信頼し，尊敬する他者と同一化し，同一化した他者の中にすでにある超自我を取り入れることにより育つ．自己評価，自己受容，劣等感や罪悪感なども超自我の働きにより生まれる．安心なアタッチメント関係によって支えられるとき，人はその関係の中で支えてくれる人，すなわちアタッチメント対象の超自我を，支えてくれるその人の姿勢ごと取り入れる．多くの場合に，児童期の子どもにとってアタッチメント対象は親を初めとする養育者である．養育者が共感的で子どもの存在を広く受け止めて支える姿勢をもっている場合，子どもの超自我も自分自身に対してよく耳を傾け，広く受け止めるものとなる．一方，養育者が厳格だったり，子どもが自分の価値観に沿ったときにしか受け止めず，価値観に反したときには責めたり拒否したりする姿勢をもっている場合，子どもの超自我も，自分に対して狭量で厳格なものとなったり罪悪感や劣等感が強くなったりする．子どもの価値観や道徳的な厳しさや緩さが親のそれに似ていることが多いのは，ただ一緒に過ごす時間の長さのためではなく，アタッチメント関係という絆があり同一化が生じているためである．ただし，超自我の取り入れの対象は年齢を追うごとに親以外の人にも広がっていく．

4 アタッチメント・スタイル

人間のアタッチメント行動には個人差，癖や個性がある．その個人差は，その人のアタッチメント関係の経験の歴史から徐々にスタイルとして形成されたものである．アタッチメント・スタイルには，研究者によりさまざまな分類があるが，5割から6割の人に見られる安心なアタッチメント・スタイルの他に，不安なスタイルとして，恐れ型（拒絶され傷つけられることを恐れる），ひっこみ型（人と親しくなることを避ける），怒り-拒否型（プライドが高く人に頼らずよく怒る），とらわれ型（見捨てられる不安が強くて過度に依存的），などがある（Bifulco et al., 1998）．なお，このアタッチメントの型の分類は，ビフィルコら（Bifulco et al., 1998）が従来の分類に「怒り」の有無の視点を加えて作った新たな分類である．

アタッチメント理論を作ったボウルビイ（1969, 1982/1991）は，アタッチメント関係の経験の蓄積が自分や他者に対してある質をもった作業記憶とエピソード記憶を蓄積し，それが将来生じる関係についての予測として心の中に**作業モデル**（working model）を形成すると仮定した．言い換えると，危機にぶつかって

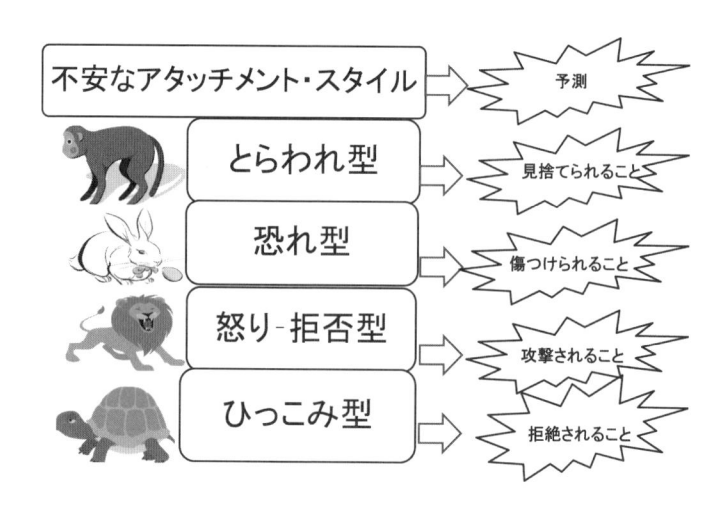

図6-3 不安なアタッチメント・スタイル（Insecure Attachment Style）．それぞれのスタイルを象徴する動物で表している．とらわれ型はしがみつき，恐れ型は臆病，怒り-拒否型は攻撃，ひっこみ型は回避の象徴である．この分類はビフィルコ（Bifulco, A. et al., 1998）による分類である

人に近づいていったときに「その人がわかってくれて安心させてくれる」という経験を多くした人は，人に対して信頼できると予測し，自分についても大切にされると肯定的に予測するだろう．一方，人に近づいていったときに「その人にわかってもらえなかったり安心させてくれるのとは逆の冷たさや攻撃が返ってきたりしてむしろ不安になる」という経験を多くした人は，人に対して信頼できないと予測し，自分についてもないがしろにされたりつらい思いをしたりすると予測するだろう．先述の不安なアタッチメント・スタイルの分類である，恐れ型，ひっこみ型，怒り-拒否型，とらわれ型における他者に対する否定的な予想はそれぞれ，傷つけられること，拒絶されること，攻撃されること，見捨てられること，である（図6-3）．

　子どもは，児童期ともなると何人もの人との関係の歴史が蓄積し，**内的作業モデル**すなわち他者に対する予測の型もある程度スタイルとしてはっきりしてくる．一方で，このアタッチメントのスタイルは日々の経験の新たな蓄積によって変化する可能性もある．特に児童期は，経験の幅が急速に拡大する時期であり，アタッチメント関係においても多様な経験をする中で成長したり，ときには混乱したりもする．次は児童期にぶつかるさまざまな子どもの心理的な問題の一つである不登校についてみよう．

5　集団同一性と不登校

　児童期に生じる問題にはさまざまなものがあるが，現象として代表的なのは，最初に述べた「学生」生活からの撤退でもある不登校だろう．不登校は日本では1970年代半ばから急増し一般化した．不登校という現象の中には，新しい場への不安と親離れの失敗によるものから，家庭内の葛藤や学校集団の中での葛藤などが絡み合っているもの，発達障害や性格などの個人の特性に対する養育者や学校の対応の失敗によるもの，重篤な精神障害によるものまで，原因は多様かつ複合的であり，対処方法も一概に論じることはできない．

　しかし，ここでは不登校を学校という集団からの撤退という側面から考えてみよう．児童期は，自分で自分について考えることができる能力が急速に発達し，複雑にからみあう関係の中にいる自分について見えてくる時期である．子どもは，家族，親せき，学校，地域のクラブ，習い事，宗教組織など，かなり多くの集団に同時に所属している．そして，集団の構成メンバー個人との関係もそれぞ

れ異なるうえに，集団に固有の歴史と力関係と意味世界があり，それらが複雑に絡みあって集団の文化や規範を構成し，子どもに圧力をかけている．子どもの側からいえば，子どもはそれぞれの集団に対して，好むと好まざるとにかかわらず同一化し，「自分は何々集団の誰それである」と自己規定し，その集団の他の成員から認められることが自分にとって大切なものであると感じている．これを**集団同一性**[*]という．

学校に入るころから，家族関係と友人関係の比重は逆転し，友人関係が重要になっていく．しかし，子どもがまだ**ギャング・エイジ**[*]と呼ばれる，行動をともにすることや場をともにすることなどの外的な要因で結びつく部分が多い友人関係の段階にいる時期には，仲間集団の集団同一性は利那的なものである．この時期に学校という新しい場に入っていくことの失敗により生じた不登校は，適切に対応すれば比較的早く問題が解消することが多い．

しかし，子どもの抽象的な思考能力が発達し自分について考える力がついてくるころになると，子ども同士の結びつきは**チャム**[*]と呼ばれる内面的な同質性を重んじ，相手との関係が自分にとって大きな意味を持ち大切なものとなる関係になってくる（サリヴァン，1953/2006）．この時期になると，子どもは自分の中で複数の異なる集団同一性の間の折り合いをつけていかなくてはいけない．さらに，自分とは異なる文化や異なる意味世界を背負った「他者」とうまくやっていくことを学ばなくてはいけない．

そして，年齢にかかわらず，集団のあるところには必ず**スケープ・ゴート**[*]（犠牲の山羊）の力動が生じる可能性がある．スケープ・ゴートの力動とは，集団の中の欲求不満や不安や怒りなどの否定的な情動をたまたま選ばれた少数者に集中的に向けて，その少数者を攻撃したり排除しようとしたりする力動である．いじめの中にはスケープ・ゴートの力動から起きているものも多い．スケープ・ゴートになることは，集団同一性をはく奪されるということである．別の集団同一性に頼ることができない場合には，スケープ・ゴートにされた子どもは心理的に追い詰められる．

子どもが新たな集団に入り，新たな集団同一性を獲得することや集団同一性どうしを共存させたり統合させたりすることに失敗したとき，子どもは家族という集団に撤退することがある．学校という集団だけを拒否しつつ地域の仲間集団からは撤退しない子どもや，家族という集団さえ拒絶して自室にひきこもる子どもも，自室にひきこもりつつインターネットの中のバーチャルな仲間集団に同一化

する子どももいる．また，小学校の高学年以上の子どもの中には，このような不登校という行動ではなく，家族も学校も拒否していわゆる非行集団に入る子どもも出てくる．

　学校集団から撤退した子どもたちへのアプローチの焦点として，個人の内面と対人関係と集団全体がある．個人の内面へのアプローチは個人心理療法である．対人関係へのアプローチには，集団の処方や家族関係への介入，学校での人間関係の調整，家族と学校との関係の調整などがある．集団の処方として，適応指導教室やフリースクールなどの，学級や学校に代わって子どもの心の成長を支え促進する集団の場を用意することが広く行われている．集団全体へのアプローチは，たとえば教員へのコンサルテーションを通じた学級集団全体への介入である（西川・雨宮，2013）．

　いずれの場合も，子どもの心の成長を支える人間関係のカギの一つは安心なアタッチメント関係だろう．安心なアタッチメント関係は，ときに誤解されているようなその時々にただやさしい関係ではない．本気で子どもを思いやる心，育てようとする心があるところに長い目で見て安心なアタッチメント関係が生じる．児童期には，仲間との関係は重要だが，子どもにとってのアタッチメント対象は依然として養育的な立場の人であることが多い．自我も超自我も成熟した，文字通り心の大きい人としての「大人」がアタッチメント対象として安心をもたらす関係を作るときに，その関係に支えられて子どもは大きく成長する．子どもを育てる親がそのような対象となることができなくても，親戚や学校の先生や施設のスタッフが代わって子どもを育てることもある（奥野，2012；高田・瀧井，2002）．家庭は大切だが，家庭だけが子どもを育てるわけではないのである．

［林　もも子］

＜用語解説＞
* **アタッチメント・システム**　危機に直面したり危機を予想したりして，不安や恐れなどの否定的な気もちを感じたときに，安全や安心を求めて誰かに近づくこと．
* **安心なアタッチメント関係**（Secure Attachment）　従来，安定型アタッチメントと訳されている．第5章参照．
* **不安なアタッチメント関係**（Insecure Attachment）　従来，不安定型アタッ

チメントと訳されている．第 5 章参照．
＊**自我**　精神分析学の概念．外界と内界の情報処理，判断，情動と行動の統制，人格の統合性など，適応に必要な心の機能．
＊**超自我**　精神分析学の概念．こうあるべき，こうしてはいけないなど，理想や道徳に照らして自分をほめたり責めたりする心の機能．
＊**集団同一性**　ある集団に所属していることと，その集団の中で認められることが，自分が自分であることの重要な要素であると感じること．
＊**ギャング・エイジ**　友人関係の発達段階の最初の段階．外的な魅力・共通性や接触の頻度の高さにより結びついて，行動を共有することで友情を感じる友人関係．
＊**チャム**　友人関係の発達段階でギャング・エイジの次に出現し，内面的な同質性により結びつき，相手をかけがえのないものと感じる友人関係．
＊**スケープ・ゴート**　無意識の集団力動により集団内のストレスを責任転嫁されて，攻撃されたり排除されたりする立場になる弱者や少数者．

施設で暮らす子どもの人間関係

　児童福祉施設の子どもたちにとっての人間関係を考えると，職員は実親にとって代われないので親より叔父叔母に近く，ともに暮らす子どもたちは兄弟より従兄弟に近いイメージがある．子どもは成長の過程で「かけがえのない自分」と「皆と一緒の自分」を確立するが，この2つの自分は保護され育まれる親子関係と対等な友人関係の経験から確立される．発達心理学は，まず親子関係があり後に友人関係をもつと想定してきた．しかし，他の子どもと共同生活を送る施設の子どもの育ちについては，この想定は無理がある．現在，乳児期から保育園を利用するなど，実親以外の人と多く関わりながら育つ子どもが増えている．そのような子どもの育ちを考えるときに，施設の子どもたちから学ぶことは多いと思う．

1. 職員との関係
　現在，施設では虐待を受けてきた子どもが多く暮らしている．多くの子どもは，親を悪く思いたくないけれど，自分を大切に守ってくれるとは感じられない．施設職員に対しても，何をされるかわからないという恐れと，大切にして欲しいという気もちに揺れ，些細なことで被害的になり怒りを向けることがある．職員が大変な思いをしながらも日々の世話を重ねることで，子どもは大切にしてもらえる，守ってもらえるという感覚を徐々に確かにしていく．そして，職員の姿からよき親イメージを作り，育てる者となる準備をしていく．さらに，よき親イメージをもとに，実際の親に対しても病気などの事情があって自分の世話ができなかったのだという形で複雑な思いを収めていく子どもは多い．

2. ともに暮らす子どもたちとの関係
　共同生活を送る施設では，逃げ場がないためにトラブルも多く，暴力による上下関係ができることも多い．しかし，職員数の十分でない施設では，子ども集団の中で守られる面も大きい．集団に居場所を必死に求めるが故に問題も起きやすいが，お互いの境遇に思いをめぐらせ気遣うことも多く，同じ場で暮らす一緒の仲間という感覚をもちながらも互いに個別のあり様を尊重し支え合う経験を共同生活はうながす．

3. 施設外の人との関係で気になること
　日本ではいまだに「実父母のもとで育つことが最良で，施設で育てられると劣ってしまう」という思い込みが強い．この俗説は「自分は施設の子どもだから劣っている」という思いを子どもに抱かせてしまう．施設で暮らしていることを打ち明けられず，友人との間に溝を感じる子ども，「施設の子ども」というネガティブな色眼鏡で見られていると感じる子どもは多い．「施設で育つと問題が生じる」という俗説は実証されていない．子どもたちに余計な生きづらさを与えない社会になるように，心理学ができることも多いと思う．　　　　　　　　［髙田　治］

第7章

思春期（青年期初期）

　手のひらの中でインターネットが使える時代となり社会の情報化がますます進む中で，大人の世界と子どもの世界の境はかつてほどはっきりしなくなった．しかし，子どもから大人へと身体的に大きな変化が訪れる思春期に心も大きく揺れるという現象は，時代を超えて常にある．多くの子どもの場合，思春期の心の揺れは成長をもたらして前進するエネルギーに変換される．しかし，一部の子どもの場合には心の揺れで崩れたバランスへの対処のためにもがき苦しむことにエネルギーを奪われ，成長や適応が阻害される．子どもの心のバランス調整装置としての防衛機制や，子どもを支える周囲の人間関係という視点から思春期について考える．

1　思春期の始まり

　思春期（puberty）は第二次性徴とともに始まる．ホルモン・バランスの急速な変化により，女性は初潮，男性は精通があり，体毛や体形などが変化する．急に大人の「女」「男」の外見を帯びてきた自分に対して，戸惑い，喜び，不安などが交錯する時期である．

　人間が最初に自分の性を意識するのは幼児期に「性別」を自覚するときである．幼児期には女の子らしさや男の子らしさが出てくるとはいえ，まだ「子ども」という位置にすっぽり入って守られている（虐待などの例外もあるが）．したがって女の子や男の子として自分をアピールする振る舞いはありつつも，「性」の世界は「ごっこ遊び」や憧れなどの空想的な性格が強いものにとどまることが多い．思春期になると，身体的には「子ども」とはいえなくなり，社会の中でも半分「大人」の扱いをされ始める．それに加えて内側から突き上げてくる衝動や

性的な関心の高まりもあり，思春期の子どもは自分が性的な存在であることを文字通り身をもって生々しい現実として体験する．思春期はこのような変化にともない，他者にどう見られているのか，どう思われているのかを強く意識する時期でもある．

また，思春期が始まるころには，中学受験をするかしないか，将来どういう職業で食べていくのかなど進路について考える機会も増える（第8章参照）．大人になったときの自分の姿が現実的に見えてきて，自分や身近な人たちの描く将来像の希望と現実とにずれがあるときには不安や葛藤が生じることも多い．

児童期までにも発達の個人差はあるが，思春期の始まりの個人差は大きい．小学4年生10歳くらいから，中学3年生15歳くらいまでと，かなり幅がある．したがって小学校の高学年から中学校にかけての子どもたちの集団は，発達的にかなりばらつきが大きい集団である．身体的な差だけではなく，**自我**や**超自我**（第6章参照）の成熟度，対人関係の発達段階（第8章参照）も，この時期に個人差がはっきりあらわれる．さらに，発達のスピードにも個人差があるので，数年前に自分より子どもっぽいと思っていた友人が気づいたら自分よりも大人になっていた，あるいは逆に自分が急に友人よりも大人になっていた，という経験も少なくない．

このように自分自身も自分を取り巻く集団も変化し，自分と他者の違いを日々意識させられる状況の中で心は大きく揺り動かされ，不安や恐れ，焦り，欲求不満などが溜まったり噴き出したりしそうになる．衝動性の亢進もともなうため，思春期の情動の調整はかなり困難なことも多い．

2 情動調整を助けるアタッチメント関係

児童期までの子どもの情動調整を助ける**アタッチメント対象**（第6章参照，林，2010）は身近な養育者であることが多い．しかし，思春期になると多くの子どもは養育者から心理的に自立しようとして分離の努力を始める．このときに情緒的に頼る相手であるアタッチメント対象を，養育者から信頼できる友人や養育者以外の人へと移行させることに成功した子どもは，その新たな**アタッチメント対象との関係が安心なもの***であればその助けを借りて情緒的なバランスを保つことができるかもしれない．

養育者から養育者以外の人にアタッチメント対象が移行する時期である思春期

には,養育者から離れたり戻ったりする現象もみられる.たとえば,悩みを打ち明けるというアタッチメント行動の対象が友達になって,何か月にもわたり親にはお金と食事についてしか口をきかなかった子どもが突然親に悩みを相談したりすることもある.

一方,次のような場合には,安心なアタッチメント関係が皆無の状態になる.養育者との関係が冷たかったり葛藤的だったりして**不安をもたらすようなアタッチメント関係***であるのにその関係から出られずにいる場合,養育者と分離した後にそれに代わるアタッチメント対象が作れない場合,新たなアタッチメント関係が不安をもたらすような関係だった場合,いったんアタッチメント対象となった友人などから離れてしまった場合などである(林,2010).

このように,安心なアタッチメント関係がない状態の子どもは不安や恐れなどの否定的な情動を他者の助けなしに一人で治めなくてはならない.そんなとき,人は孤独を体験する.

3 思春期における孤独の体験

思春期に体験される孤独には,ストレスの強さ,子どもの**自我**の成熟度,子どもを取り巻く対人的な環境によりいくつかの種類がある.自分と世界に対する**基本的信頼感***が崩れる孤独,依存が拒否されて見捨てられたように感じる孤独,幼児的な万能感の空想が破れ,人間は一人であることを実感する実存的不安とも呼べる孤独である.それぞれ,世界や自分が壊れるような体験,心細く寂しい体験,静かに自分の**実存**に向き合う体験,と言い換えられるだろう.

まず,基本的信頼感が崩れる孤独というのは,ストレスの強さが子どもの自我の耐性や子どもを守る対人関係の耐性を超える場合に生じる孤独である.心的外傷体験となるような死の危険にさらされる体験や自分が心のよりどころにしている集団から完全に排除される体験などのきわめて強いストレスがあると,自我の統合が保てなくなり世界の**自明性**が揺らぐ中で子どもは孤独を感じる.また,自我が強い子どもなら乗り越えられるストレスでも,自我が脆弱で傷つきやすい子どもの場合には完全に自信を失い,他者への信頼や未来への希望を失って孤独感に陥ることがある.さらに,子どもを支えるアタッチメント関係が安心なものでない場合にも,ストレスによる基本的信頼感の崩壊が食い止められず,孤独が体験されやすい.いじめられた体験や家族関係の葛藤などから自殺しようとする子

どもや思春期にしばしば発症する境界性人格障害の子どもはこの種の孤独の体験をしていると考えられる（たとえば，リッヒャベッヒャー，2005/2009）．

　次に，依存が拒否されたことにより感じられる孤独は平均的な対人関係の環境においても多かれ少なかれ体験されるものであり，通常は依存欲求を統制する力を育て自立を促す孤独である．しかし，幼児期から児童期にかけて養育者が過度に子どもの依存欲求をかきたてる関わりをすると，子どもは依存欲求を適切に統制する力が育たないまま思春期を迎える．依存欲求が強すぎて統制できない子どもは，思春期において家族以上に重要な**所属集団**となる仲間集団の中で，過度に依存的になったり見捨てられることに過敏に反応したりする．集団に包容力がある場合には，この種の孤独に弱い子どもは寂しがり屋の仲間として位置づけられ，結果として孤独がやわらぐ．しかし，集団によっては依存的であることが対人関係の脆弱性として排除されたり攻撃されたりすることもある．この場合には子どもはいっそう孤独になり，たとえば依存できる家庭に撤退して不登校になる場合もある．

　最後の**実存的不安**については，ある程度心理的自立を達成し，成熟した自我をもつ子どもだけに体験される孤独である．同時に，抽象的な思考でみずからを相対的に見ることが可能になる思春期に初めて体験される孤独でもある．この孤独の体験においては自我の統合性や情動統制は保たれている．しかし，自分がこの広い世界の中でごく小さな一部でしかないということを実感したとき，自分と世界との間に亀裂が走り，深淵を覗き込むような孤独が体験される．

4　思春期の適応と不適応——防衛機制の視点から

　思春期の荒々しい心の揺れや孤独感を自分の力で治めることに失敗したときには，非行やいじめ，不登校，摂食障害などのさまざまな問題があらわれてくる．

　もっとも，思春期にいたった時点で，ある程度自我や超自我が成熟している子どもは，アタッチメント関係による支えがなくても自分の心の揺れに対処することができ適応が保たれる．むしろ，心の揺れをバネとして成長することもある．

　ここでは心のバランス調整装置である**防衛機制***の視点から，思春期の子どもの適応と不適応について考える．否定的な情動で心が揺れる辛い体験に対して，心は自動的にもとのバランスや安定を取り戻すために動くサーモスタットのようなシステムである「防衛機制（Defense Mechanism）」（A. フロイト，1966/

1995）を作動させる．

防衛機制については，精神分析学の創始者であるジグムント・フロイトに始まり，アナ・フロイト（1995），ボンド（Bond, 1986），アンドリュース（Andrews, 1993）など，多くの研究者が新たな防衛機制を提唱したり分類を修正したりしてきた歴史がある．本章では，アメリカの精神医学会が出している DSM IV-TR の，防衛機能尺度（Defense Functioning Scale）による防衛機制の種類と分類を用いる（American Psychiatric Association, 2000）．防衛機制には適応的なものからかなり病的なものまでいくつか種類がある（表7-1）．

1）不適応的な防衛機制

一般的に，不適応行動には，二つの方向がある．自分の内側に生じたストレスを外界に向けて表出する方向と，内側すなわち心の中の問題として心身の症状の形で表出する方向である．前者の防衛機制には取り消し，行動化，無感情的ひきこもり，援助の拒絶をともなう愁訴，受動攻撃性があり，後者には，置き換え，解離，知性化，感情の隔離，反動形成，抑圧，価値の引き下げ，理想化，万能感，否認，投影，合理化，自閉的空想，投影性同一視，自己像または他者像の分裂，妄想的投影，精神病的否認，精神病的歪曲がある．ここではそのうちのいくつかが用いられる．思春期によく見られる不適応行動として，(1)非行，(2)いじめ，(3)ひきこもり，を取りあげる．

(1) **非行——行動化**

外界に向かう防衛機制の中で代表的なものが行動化（acting out）である．非行や暴力やいじめは攻撃性を外界や他者に向ける形で表出する行動化によるものと考えられる．行動化は，「個人が，内省または気持ちによってではなく，むしろ行為によって，情緒的葛藤，または内的または外的なストレス因子に対処する」と定義される．

非行という行動化は，不安や恐れ，欲求不満，悲しみの裏返しの怒りなど，その子どもが傷ついていることの訴えであることが多い．その場合には周囲が訴えに応じることで思春期の心の暴走を止めることができる．たとえば，非行の被害者がいれば被害者に対して償いや謝罪をさせることは当然だが，同時に行動の背景にある子どものストレス状況を理解し改善することができれば問題行動は消えていくことが多い．また，虚勢を張る形で反社会的な集団に同一化して孤独感を防衛していると考えられる場合には，周囲の大人が子どもとの間

表7-1　防衛機能尺度

高度な適応水準	予期	anticipation
	連携	affiliation
	愛他性	altruism
	ユーモア	humor
	自己主張	self-assertion
	自己観察	self-observation
	昇華	sublimation
	抑制	suppression
精神的制止（代理形成）水準	置き換え	displacement
	解離	dissociation
	知性化	intellectualization
	感情の隔離	isolation of affect
	反動形成	reaction formation
	抑圧	repression
	取り消し	undoing
軽度の心像歪曲水準	価値の引き下げ	devaluation
	理想化	idealization
	万能感	omnipotence
否定の水準	否認	denial
	投影	projection
	合理化	rationalization
重度の心像歪曲水準	自閉的空想	autistic fantasy
	投影性同一視	projective identification
	自己像または他者像の分裂	splitting
行為水準	行動化	acting out
	無感情的ひきこもり	apathetic withdrawal
	援助の拒絶を伴う愁訴	help-rejecting complaining
	受動攻撃性	passive aggression
防衛制御不能水準	妄想的投影	delusional projection
	精神病的否認	psychotic denial
	精神病的歪曲	psychotic distortion

に安心なアタッチメント関係を築き，子どもが落ち着いて自分の中の葛藤に目を向けることができたり，子どもが何らかの形で社会的な承認が得られるように環境調整したりすると早期に適応を回復することもある．現代の思春期の子

どもたちにとっては承認が何にも換えがたい大切なものである（齋藤，2013）．

ただし，少数ながら非行の背景に複雑な歴史や人間関係の集積があることもある．背後にある問題が簡単には解決できないままに行動化が繰り返される場合や爆発的な行動化によって殺人などの重大な事件となることもある．そういう場合には，安心なアタッチメント関係が欠如しているのみならず，不安をもたらすようなアタッチメント関係をいくつも経験し，人間不信や恨みや怒りなどが蓄積していることも多い．個人レベルでの関係を作る困難さに加えて環境調整も困難であり，援助には複数の関係者の連携が必要である．そして，思春期は情緒的に不安定であることも手伝って，援助関係ができたように思われてもあっという間に崩れることもあり，援助者からの粘り強いアプローチが必要になる．

(2) いじめ——置き換え・合理化・抑圧・感情の隔離

一見，個人としても環境としても問題がないように見える「普通」の思春期の子どもにも見られるいじめという行動は，どのように理解すればよいのだろうか．

いじめには，集団の中での弱い立場や少数者に集団内のストレスの責任を負わせて攻撃し排除するという**スケープ・ゴート**（第6章参照）の力動が働いている．

スケープ・ゴートの力動において，個人レベルでは置き換えや合理化などの防衛が働いている．**置き換え**（displacement）は「個人が，一人の対象に対する感情または反応を他の（通常は脅威の少ない）代理の対象に移し代えることによって，情動的葛藤や内的または外的ストレス因子に対処する」と定義される．**合理化**（rationalization）は，「個人が，誤ってはいるが，安心できるような，また，自分に役立つような説明を作り上げ，自分自身の思考，行為または気持ちの本当の動機を覆い隠すことによって，情動的葛藤や内的または外的ストレス因子に対処する」と定義される．

集団によるいじめは，いったんスケープ・ゴートの力動が動き出すと集団の**同調圧力***により個人を巻き込む．巻き込まれないためには，かなり強い超自我が必要である．同調圧力の強さの背後には，基本的信頼感を脅かす孤独への恐れがある．孤独への恐れはあまりにも大きいので，目の前にいるスケープ・ゴートである犠牲者の痛みへの共感は抑圧される．**抑圧**（repression）は「個

人が，混乱する願望，思考，または経験を意識的気づきから排除することによって，情動的葛藤や内的または外的ストレス因子に対処する」と定義される防衛である．

普段は優しい子どもでも，同調圧力のもとでは，いじめ行動あるいはいじめを傍観する行動は「空気には逆らえない」と合理化され，罪悪感は隔離される．**感情の隔離**（isolation of affect）は「個人が，本来関連のある観念を気持ちから分離することによって，情動的葛藤や内的または外的ストレス因子に対処する」と定義される防衛である．

いじめを予防するには，個人へのアプローチと集団へのアプローチがある．個人へのアプローチとして，超自我の健康な発達をうながしたり，自我の健康な防衛である昇華の手段を増やしたりする方法がある．しかし，即効性があるのは集団へのアプローチであり，集団の同調圧力を生じにくくすることだろう．特に思春期は**チャム**（第6章参照）という相互の同質性でつながる対人関係が強まるので集団内の同調圧力が高くなりがちである．そこで，まず集団全体のストレスを高くしすぎないことが予防になる．次に，集団が閉鎖的になりすぎないように，風通しをよくして集団の**境界線**を薄くすることも予防になる．

(3) **ひきこもり――否認・自閉的空想・万能感**

ひきこもりは，一見孤独な行動を選択しているように見えるが，孤独感の防衛の一つと考えられる．ひきこもりは不登校と同様，状態像の総称であり，その中には，統合失調症などの精神障害によるものや心理的な葛藤によるものなど多様な原因によるものが含まれている．いまや日本中にひきこもりの大人が何万人もいて高齢化が問題になりつつあるが，始まりは思春期であることが多い．

ひきこもりの子どものすべてではないが多くに共通してみられる防衛は，現実の否認と自閉的空想と万能感である．**否認**（denial）は「他の人には明らかと思われるような外的現実または主観的体験の苦痛な側面を認めることを拒否することによって，情動的葛藤や内的または外的ストレス因子に対処する」と定義される．**自閉的空想**（autistic fantasy）は「人間関係，より効果的な行為，または問題解決の代わりに，過度の白日夢を見ることによって，情動的葛藤や内的または外的ストレス因子に対処する」と定義される．**万能感**（omnipotence）は「個人が，自分は特別な力または能力を有しており，他の人より優

れているかのように感じたり行為したりすることによって，情動的葛藤や内的または外的ストレス因子に対処する」と定義される．

ひきこもる子どもには何らかの**自己愛**の傷つきがあり，葛藤的な対人関係から逃避して自己愛の傷つきを補うような万能感と自閉的空想が守られるような家や自室にひきこもっていることが多い．

ひきこもっている間は，ゲームやアニメ，漫画，映画，白昼夢などの空想世界に逃避している子どもが大半のようである．ゲームやアニメなどは仮想現実である．仮想現実の人為的な仕掛けの中で子どもは自閉的空想に心を閉じ込めている．その空想は幼児的な万能感に覆われた誇大的な自己愛の世界である．ひきこもりの子どもへのアプローチは，自己完結している自閉的空想の世界から自己愛を強く傷つけないように適度に万能感を保ちつつも，外界の生きた人間との関わりを継続して作り出すことに始まる．

ひきこもりの始まりのころには，とかく周囲の大人は子どもを現実に直面させ，目を醒まさせようとしがちである．しかし，その対応は大人に反発しがちな思春期の子どもとの関係をますます悪化させ，悪化した関係から逃避するために子どもはますますひきこもるという悪循環が生じる．子どもをとりまく身近な対人関係を，自己愛を傷つける脅威が低い安全なものとすることによって子どもは安心し，少しずつ動き出すものである（齋藤，1998）．

以上に見て来たものの他にも思春期の不適応行動や症状には，不登校，摂食障害，強迫性障害などさまざまなものがあり，それぞれに不適応的な防衛機制を見ることができる．思春期に生じる不適応への対応は，個人差が大きい時期であるだけに早い段階でその子の発達の段階やもっている内外の資源を見極めることが重要である．適切な対応がなされて不適応が一過性のものとして過ぎれば，それは子どもの人生全体から見れば意味のある体験として身になっていくだろう．

2）適応的な防衛機制

防衛機制は自我（第6章参照）の機能の一部として，認知機能の発達とともに発達する．高度な適応水準，すなわち，適応を助ける防衛の中で，予期，自己観察，抑制，自己主張，連携，昇華は，個人差はあるが児童期までにほぼ備わる防衛である．思春期に大きく発達する適応的な防衛機制の代表的なものとして，(1)昇華，(2)愛他性，(3)ユーモアを取りあげる．

(1) **昇華**

　まず，昇華（sublimation）とは，「無意識の受容しにくい欲求が社会的に認められている高次な活動へ方向が向く．個人が，非適応的になる可能性のある気持ちや衝動に対して社会的に受け入れられる行動にはけ口を求めることによって，情緒的葛藤や内的または外的ストレス因子に対処する．」と定義される．たとえば，性的な衝動を恋する相手の写真を撮ることで満たしたり，怒りの気持ちを戦闘的なスポーツをすることで発散したりすることなどである．児童期から始まる教育は，この昇華という適応的な防衛機制を使えるように訓練する側面をもっている．

　思春期の実存的孤独を昇華する営みとして，自分と世界の関係について考えることや自分が存在する意味を考えることが挙げられる．世界と自分の一体感が消えて外側から自分を見たときに，その外側の視座にとどまって考えることができるためにはある種の強さが必要である．その強さは自我の力や自信がある程度育っている子どもに見られる．また，自信は超自我（第6章参照）の承認によって育つ．

　昇華する力としての「考える力」をもった子どもは，たとえば孤独のひんやりとした体験の中で自分を見たときに，いい気になって親に甘えていた自分の姿に気がついて恥ずかしいと感じることもあるだろう．生きる意味とは何かというような哲学的な問題に取り組み始める子どももいるだろう．また，子どもっぽい夢ではなく現実的に自分の能力や環境を勘案しつつ将来の自分の姿に思いをはせる子どももいるだろう．

　このように「考える」という営みにより孤独の体験が昇華されることは子どもの心の世界を大きなスケールで広げたり深めたりする．そして，考える体験は，落ち着きを増して心の平衡を保つという意味で自我を育てる．

(2) **愛他性**

　次に，愛他性（altruism）は，「献身的に他人の欲求を満たすことによって葛藤的な気持ちを解消する．」と定義される適応的な防衛機制である．愛他性が思春期における心の揺れや孤独の防衛として機能することは自然であるといえよう．他者に尽くす行動は社会の中での承認を引き出し，他者とのつながりを実感させ自分も周囲の他者もあたたかい気もちになるので孤独の冷たさは和らぐ．

　しかし，愛他性の中には偽善につながる場合もある．「エセ愛他性（pseudo-altruism)」と呼ばれるような共感にもとづかず見返りを目的とする愛他性の場合である．愛他性とエセ愛他性の違いは，他人のために行動する背後に，無私無欲の構えがあるのか，それとも密かに感謝や賞賛や尊敬などのお返しを求める利己的・自己愛的な欲望があるのかという違いである．相手のために何かをした後に相手からの感謝の表明や返報行動がなかった場合，その違いがあらわれる．愛他性の場合は「お返し」がないことにこだわらないが，エセ愛他性の場合は，お返しがないと怒って冷たくなったり，いじけたりする．また，エセ愛他性による行動は，相手に対する共感が足りないため，世話や親切がおしつけがましくなったり相手の現実とずれていたりする．そして，尽くされる相手や傍で見る人に不快感を与えることもある．したがって，エセ愛他性は適応的な防衛機制ではない．相手に対する真の共感にもとづく愛他性は，自己中心性を手放していく超自我の成熟とともに思春期に大きく発達する．

(3) ユーモア

　適応的な防衛機制の中でも得難いものがユーモア（humor）である．ユーモアは「葛藤またはストレス因子の面白い側面または皮肉な側面を強調して，葛藤的な気もちを解消する．」と定義される．フロイト（1927/2010）によると，超自我が怯えている自我に向かって「ほら，世界はとても危険に見えるけど実はこんなものなんだよ，子供の遊びなんだから，茶化してしまえばいいんだよ．」と優しく語りかけるのがユーモアである．自分が衝動に振り回されている様子や孤独な状況をユーモアで防衛するということは，卑屈な笑いでも自嘲の笑いでもなく明るく透明な笑いで苦境を受け止めることである．このような「達観」はある程度成熟した超自我にしかできない技であり，これも思春期以降に発達する防衛機制であると考えられる．

3）思春期の子どもの心を育てる環境

　思春期に大きく成長する適応的な防衛機制はいずれも多少なりとも超自我の成熟に関わっている．超自我は同一化した相手の超自我の取り入れによって育つ（フロイト，1923/2007）．思春期になると，養育者からの心理的な自立が進むために子どもが同一化する対象は養育者以外の人に広がる．思想や宗教に熱狂的にのめりこむ子どもが出てくるのも思春期以降である．ときには本の中で出会う過去の人物やインターネットの中で出会う人物に同一化することも生じる．そして同一化対象が増えるに従って価値観が相対化して広く深いものに成長することも

あるが，強い同一化の相手が変わるだけで超自我の質は変わらないこともあるし，対象の超自我の質に応じて退化することもある．しかし，一時的に子どもの同一化対象がたとえば反社会的なものになったとしても，それが永久に続くわけではない．思春期の子どもの同一化の対象は容易に変化する．

　思春期は子ども自身にとっても周囲の大人から見ても不思議な時期である．子どもは突然心を閉ざしたり，急に大きく羽ばたいたりする．何が子どもの心を閉じ込めるのか，何が子どもの心を育てるのか，ということについての正解はない．思春期の子どもの心を育てるためには，あれがだめならこれ，という柔軟で創造的な構えの環境が必要なのではないだろうか． ［林　もも子］

＜用語解説＞
＊**安心なアタッチメント関係**（Secure Attachment）　従来，安定型アタッチメントと訳されている．第5章参照．
＊**不安をもたらすアタッチメント関係**（Insecure Attachment）　従来，不安定型アタッチメントと訳されている．第5章参照．
＊**基本的信頼感**　人間の最初期の発達課題であり，自分や世界は基本的に信頼できるものであるという体験に基づく感覚と無意識の信念．
＊**防衛機制**　外界や内界の危機によって心が不安定になったときに，安定を取り戻して心を守るために自我が無意識的に使う心の習慣．
＊**同調圧力**　集団の場において他の集団のメンバーの考えや行動に合わせないと自分が集団から排除されたり攻撃されたりする恐れを感じること．

SNSと思春期

　インターネット上での情報共有と交流を提供するソーシャル・ネットワーキング・サービス（SNS）は思春期・青年期の対人関係においても重要な役割を果たしている．

　近年はスマートフォンの普及によって，時間と場所を問わず高機能のサービスを利用できる．思春期の子どもに影響力の大きいSNSはチャット，音声通話を中心にしたLINEや140字以内のつぶやきを共有するTwitterだろうか．いずれのサービスでも他の参加者を「友だち」に加えることで，写真や動画を共有し，文字，音声，動画によるコミュニケーションが可能となる．

　SNSをうまく活用することで，友人グループの親密性を高めることができ，共通の関心をもった人との出会いも広がるのだが，その一方でいくつかの問題点も生じている．

　オンライン上の文字によるグループチャットは，情報が文字に限られるため誤解も生じやすく，ネガティブな内容でも心理的な抑制が働きにくい．グループとしての枠組みも非常に緩いため，いったんスケープゴーティングのような悪い流れができるとエスカレートしてネットいじめにつながってしまう．

　スマホさえもっていれば時間や場所にとらわれずコミュニケーションが可能になるため，ネットから距離を取りにくい．LINEでは相手が自分のコメントを読んだかどうかも確認できるため，瞬時に応答することが暗黙の了解として求められる．メッセージを読んだにもかかわらず返答をしない「既読無視」が原因でいじめにつながったというケースもあり，既読マークがつかないようにしてメッセージを確認するという習慣も広まっている．嗜癖となって長時間をネットコミュニケーションに費やす子どもも多い．

　オンライン上のコミュニケーションが苦手な子どもにとっては，新しい関係を作りにくいという情報格差も生じている．たとえば高校，大学などの入学前から新入生はSNS上でコミュニティを作り，極端な場合はすでに顔を合わせる前に友人関係が形成されてしまっている．「友だち」がリスト化されることで，本来はスペクトラム的であるはずの対人関係の親密さが，「友だち」であるか，ないかという極端な形で認識されるという影響もあるだろう．

　また匿名性の高いネットコミュニケーションでは，悪意をもった人物によって犯罪に巻き込まれたり，個人情報が流出したりする危険性もある．

　思春期の子どもによるSNSコミュニケーションは子どもたちのみのグループになることが多いため，一般社会の常識が共有されにくく，トラブルが発生した場合も大人が介入するのが困難であり，そもそもトラブルが認知すらされない場合もある．

　いずれにしろ，ネットでのコミュニケーションを避けてはもはや社会生活は成り立たなくなっている．現代の思春期においては，SNSの適度な活用と適切な距離の取り方を学ぶことが重要な発達課題の一つになっているのかもしれない．

〔太田裕一〕

第8章

青年期中期

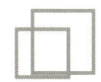

　中学生から高校生へと進むにつれて，人生の経路は多様になっていく．ある者は早くから社会に出て手に職をつけ，ある者は専門の職を目指すべく職業訓練を受け，ある者はプロ選手や大きな大会を目指してスポーツに打ち込み，またある者はさらに次の進学を目指して勉学に励む．対人関係の幅も広がり，学校外に多くの友人や知り合いができたり，中にはネット上のバーチャルな関係性が広がったりする者もいる．ただしそれも，全員がそうなるわけではない．友人の範囲が学校内に限られる者と，多様になる者，その差も大きく広がる．そしてこのような世界の広がりと多様性は，自己にも影響をおよぼす．

1　青年期中期の特徴

1）青年期中期という時期

　青年期中期は，中学生から高校生にかけての時期に相当する．この時期になると，小学校高学年から中学校の時期に見られるような**第二次性徴***や急激な身体的成長は次第に安定してくる．中学生の時期は，変化しつつある身体の受容が大きな問題となるが，高校生の時期になると，次第に成長の終わりつつある身体および男性・女性としての自分に向かい合う傾向が見られるようになる（宮沢，2012）．

　この時期には，抽象的・論理的思考が十分に可能になる．複雑な因果関係や階層関係，現実に縛られない時間的・空間的に飛躍した思考も十分に使いこなすことができる．このような認知的発達を背景にして，自分という存在そのものや存在の意義，対人関係，生き方，さまざまな価値観について考え，自分自身の意見

2) 何に悩むか

　青年期に位置する若者たちは，どのようなことに悩みを抱くのだろうか．図8-1は，15歳から24歳の男女1,675名が回答した悩みの内容をグラフにしたものである（内閣府，2000）．15歳から17歳の青年期中期にある男女とも，もっとも選択率の高い悩みは「勉強や進学のこと」であり，男性の約5割，女性の約6割がこの悩みを挙げていた．次いで青年期中期に男女とも多いのは「就職のこと」であり，男女とも4人に1人がこの悩みを回答した．また男女で大きく異なるのは，「友だちや仲間」に関する悩みであった．この悩みは，男性の約1割，女性の約2割が回答していた．

　この時期の青年は，勉学・進学や就職といった将来に関することがもっとも多く，友人・仲間や異性といった対人関係面の悩みも少なくない．性格や容姿など自分自身に関する悩みについても，それぞれ1割程度が回答していることからも，多様な悩みを抱いている様子がうかがえる．

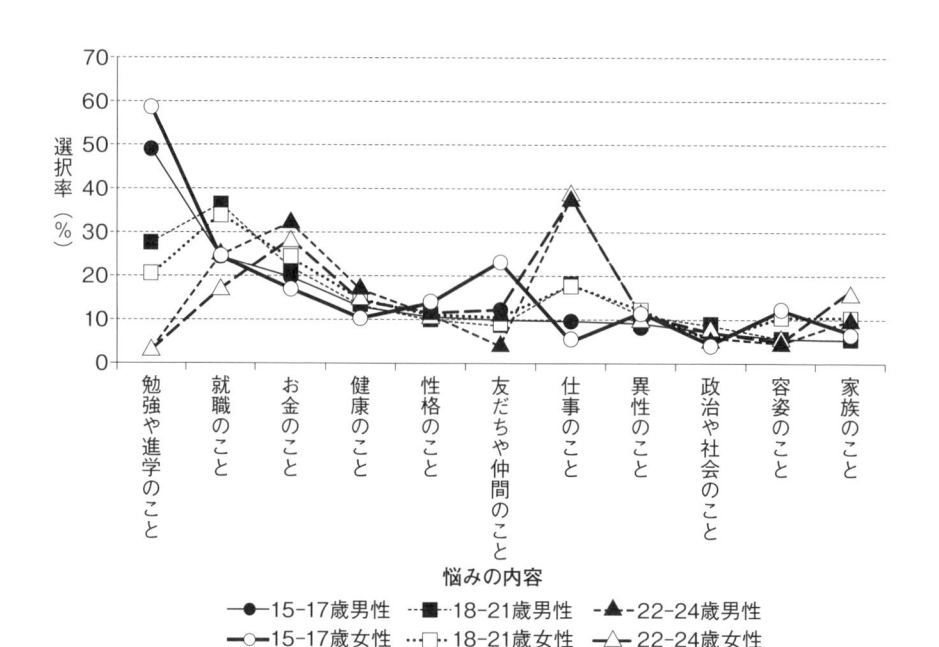

図8-1　青年期中期から後期の悩みの内容（内閣府，2000をもとに作成）

3）進路を選ぶ

　高校生たちのその後の進路はどのようになっていくのだろうか．図8-2は，文部科学省や厚生労働省のデータに基づいたものであり，高校入学者を100人としたときに，その後の経路を描いたものである（児美川，2013）．高校入学者100人のうち，卒業したのは94人であり，そのうち51人が大学へと進学した．卒業後に専門学校へと進んだ者は21人，卒業後すぐに就職した者は18人である．大学卒業後に就職した者は28人であり，その後就業が継続した者は20人となっている．すなわち，高校入学者100人のうち，いずれかのルートをたどって回り道をすることなく就業が継続している者（ストレーター）は41人であり，残りの59名については現在職についていなかったり，他の道をたどって職へといたったりしていたのである．

　このような経路を見ると，高校入学後に順調に進路を進み，直線的に職業へといたる者は半数以下であることがわかる．半数以上の若者は，回り道をしたり，寄り道をしたりしながら人生の経路を進んでいくのである．

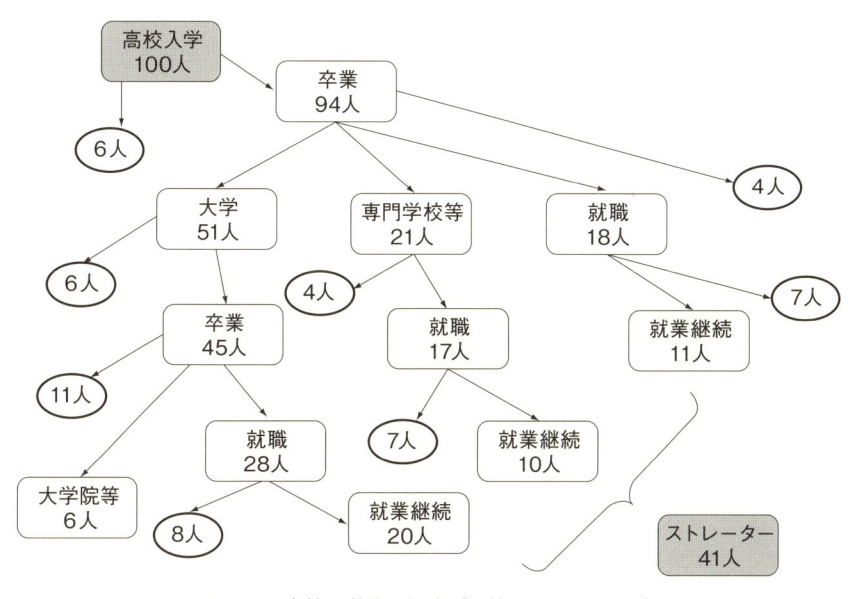

図8-2　高校入学後の経路（児美川，2013より）

2 仲間関係の広がり

1) 仲間関係とは

　仲間集団は，3〜10人程度の同性の少人数集団からなる**クリーク**と，より大きな規模の仲間集団で構成される**クラウド**に区別されている（岡田，2014）．クリークは特定の状況下で相互にやりとりのある人々の集団のことを指し，クラウドはクリークから派生的に生じる集団のことを意味する．クリークやクラウドの形成は主に青年期で注目されるが，いずれの年代でも見られる仲間集団である．そして，青年期の仲間関係は，次の5つの段階を経て変化していくといわれている（Dunphy, 1963）．

　第1段階：同性によって構成されたクリークが互いに相互作用をもたない前クラウド段階．

　第2段階：異性のクリークとの間で表面的な交流が生まれ，そこからクラウドが発生するクラウド開始段階．

　第3段階：クラウドからメンバーが流入することで異性のクリークが部分的に生じる段階．

　第4段階：異性メンバーからなる緊密なクリークが生じ，その集合体としてのクラウドが十分に発達する段階．

　第5段階：恋愛関係，夫婦関係の前提となる親密な異性メンバーが含まれる，凝集性のゆるいクリークが形成され，徐々にクラウド解消に向かう段階．

　仲間関係が重視されるのは，青年期の初め頃だといわれている．しかし，青年期中期でも仲間関係の影響は残る．たとえば特に青年期初期から中期にかけて，非合法な薬物を摂取する傾向には仲間関係が大きく影響するといわれている（Kimmel & Weiner, 1995）．また，アメリカで高校生250名を対象に行われた調査によれば，喫煙や飲酒，薬物使用，性的パートナーの多さなどの**リスクテイキング行動***を多くとる者は，仲間からの受容が高くなく，そのような行為に従事する仲間集団に属している傾向にある（La Greca et al., 2001）．

　日本の中学生，高校生のクリークの特徴としては，教室・学校内での勢力によるランクづけを挙げることができるだろう．小説『桐島，部活やめるってよ』（朝井，2010）には，その様子がリアルに描かれており，多くの若者の共感を呼んだ．また鈴木（2012）は，中高生の地位の格差を「**教室内（スクール）カースト**」と名づけ，生徒のみならず教師もその構造を利用していることを明らかに

している．日本の中学・高校で見られるこのような対人関係の構造は，いじめやひきこもりなどの問題にもつながる可能性がある．

2）友人関係の発達

筑波大学の落合と佐藤は，中学生から大学生を対象として，同性の友人とのつきあい方の発達的変化を検討している（落合・佐藤，1996）．自由記述と複数の文献から友人とのつきあい方に関する項目が集められ，中学生・高校生・大学生に対して調査が行われた．分析の結果，友人とのつきあい方には「人との関わり方に関する姿勢（深い-浅い）」と「自分がかかわろうとする相手の範囲（広い-狭い）」の2つの次元が見いだされ，それらを組み合わせると4つのつきあい方

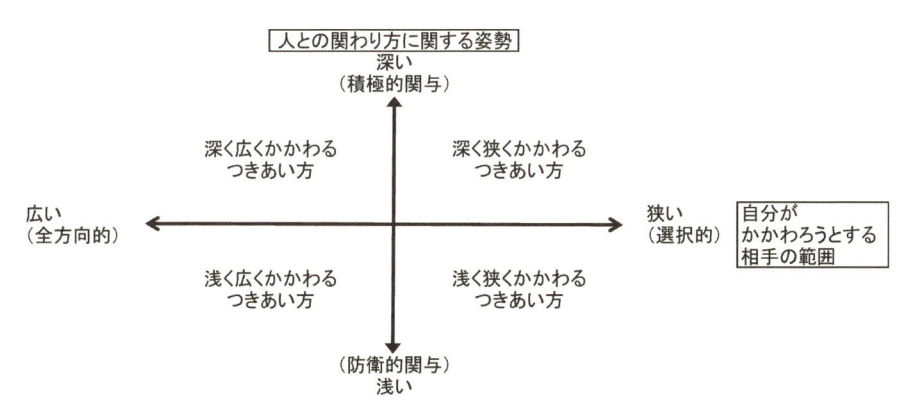

図 8-3 友人とのつきあい方を構成する2つの次元とつきあい方の4パターン（落合・佐藤，1996 をもとに作成）

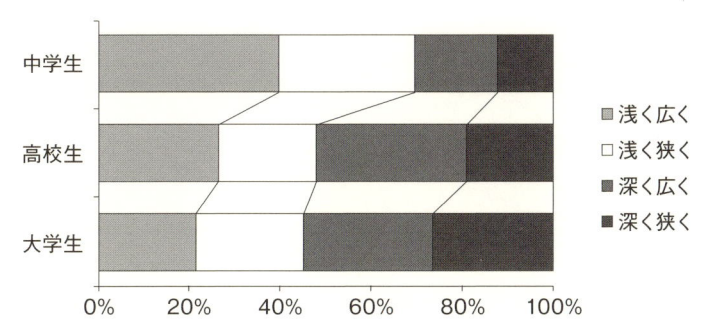

図 8-4 友人とのつきあい方の4パターンの発達的変化（落合・佐藤，1996 をもとに作成）

が見いだされた（図8-3）．またこの4つのつきあい方について年齢段階別の比率を検討したところ，中学生では「浅く広くかかわるつきあい方」が多く見られる傾向にあるのに対し，高校生では「深く広くかかわるつきあい方」，大学生では「深く狭くかかわるつきあい方」が多くなる傾向が見られた（図8-4）．

3）友人関係の希薄化

前述のとおり友人関係は，青年期を通じて深く狭い方向へと変化していくことが示されている．その一方で，近年の青年の友人関係の特徴として，ストレスを生じさせる対人関係上の葛藤を少なくするために深いつきあいを避けるようになっていると指摘されることもある．ときにこのようなつきあい方は，**友人関係の希薄化**と呼ばれることもある．

青年期の友人関係が希薄化しているという指摘は1980年代から行われており，いくつかの意識調査から指摘が行われることもある．また総務省青少年対策本部（1999）の調査によると，高校生では普段つきあっている友人として「親に会わせたくない人」が2割程度，「できればつきあいたくない人」が4割程度いることが報告されている．この調査結果から，現代の青年が課題隠蔽的な友人関係の志向性をもつという指摘もなされている（野田，1999）．

しかしその一方で，同じ総務庁青少年対策本部（1999）の結果では，高校生男子の約7割，女子の約8割には「何でも悩みを打ち明けられる友人」がいることも報告されている．現代青年は友人関係について，距離をおきながらも親しくつきあうという，大人にとって必要な対人関係のスキルを身につけているという指摘（詫摩他，1989）や，遊ぶ場面や内容によって友人を使い分ける「選択化」という特徴をもつという指摘（福重，2006）もなされている．

3　自分自身を捉え直す

1）自己概念の発達

自分が自分自身のことを認識する状態を，「『私』が『私自身』を見る」と表現することができる．このとき，同じ人物である「私」は，見る側と見られる側という2つの側面に分かれることになる．このとき，主体となる「見る側の私」のことを**主我**，「見られる側の私」のことを**客我**という．また，主我にあたるものが**自我**，客我にあたるものが**自己**に相当する．自我は主体として機能し，自己

全体の統合機能を果たすとともに，現実の中での適応機能も果たす．それに対して自己は，さまざまな状況や役割の中での自分に関する表象であり，「○○としての自己」といったように複数の側面をもつ（谷，2014）．

自分自身のことを考えたとき，「私はこういった人間である」という，自分自身を表す内容のことを**自己概念**という．児童期から青年期にかけて，この自己概念は「分化」（自己概念が複雑になっていくこと），「抽象化」（具体的な自己概念から抽象的な自己概念への変化），「統合化」（ばらばらな自己概念が1つにまとまっていくこと）という3つの特徴をともないながら変化していく（Bernstein, 1980）．

また自己概念は，その領域によっていくつかの側面にわけてとらえることもできる．そして，その側面によって，特有の発達時期が存在する（図8-5）．幼児期や児童期前期に主に形成されるのは「**身体的自己**」であり，自分は背が高い（低い）といった身体的特徴や，自分がもっているものによって自分自身を表現する側面が発達する．児童期中期から後期にかけて，他者との比較を通じて自分自身を表現する「**行動的自己**」が顕著に発達する．青年期前期には，社会の中でどのような関係性をもっているか，どのような地位にいるか，そして自分自身の特徴がどのようなものであるかといった「**社会的自己**」が形成されるようになる．そして，青年期後期になると，世の中のさまざまな物事をどのように考え，

		身体的自己	行動的自己	社会的自己	心理的自己
4	青年期後期	意志による選択，あるいは人格的・道徳的基準を反映させた活動の属性	選択，あるいは人格的・道徳的基準を反映させた活動的属性	社会的関係や社会-人格的特徴に関する道徳的人格的選択	信念の体系，個人的な哲学，自分自身の思考プロセス
3	青年期前期	社会的アピールや社会的相互関係に影響をおよぼす身体的特性	社会的アピールと社会的相互関係影響をおよぼす活動的属性	社会-人格的特徴	社会的感受性，コミュニケーション能力，その他心理的技能
2	児童期中期および後期	活動関連の身体的属性	他者に関連した能力	他者の反応（承認あるいは不承認）を考慮した行動	知識，学習された技能，動機づけ，あるいは行動に関連した情緒の状態
1	幼児期と児童期前期	身体的特性あるいは物の所有	典型的行動	特定の社会的関係や集団の成員であるという事実	一時的気分，感情，えり好み，および嫌悪

図8-5 自己概念の発達（Damon & Hart, 1982; p.860 より）

自分なりの答えを導いていくかといった「**心理的自己**」が形成される．なお，図8-5の対角線上に位置する自己（太枠部分）は，他の時期で見いだされないというわけではない．あくまでも，その時期において顕著に発達する自己の側面として考えることができるものである．

2) 自尊感情の変化

自己に対する評価をともなう感情のことを，**自尊感情**という．これは，自分自身のことをどの程度，好ましくとらえているかを意味する．自尊感情の高さは精神的健康にも関係しており，次に述べるアイデンティティの感覚にも深く関わっている．

アメリカのパーソナリティ心理学者ロビンスらは，32万人以上を対象にした**横断調査***から，自尊感情得点が年齢によってどのように変化するのかを示した

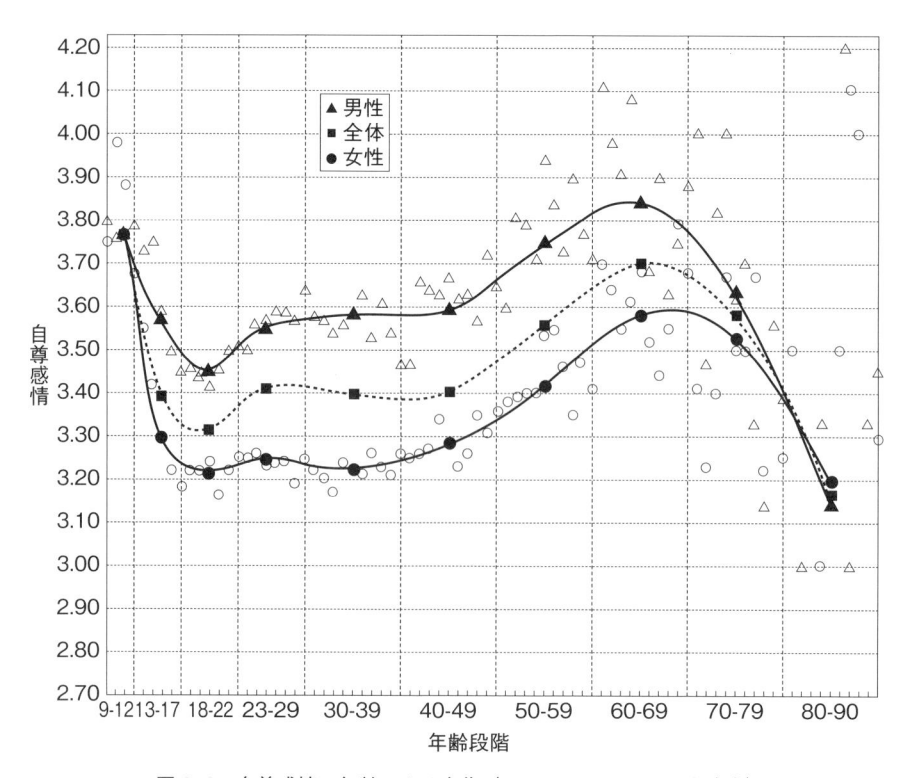

図 8-6　自尊感情の年齢による変化（Robins et al., 2002 を改変）

(図8-6).その結果によると,児童期から青年期前期・中期にかけて自尊感情は低下し,青年期後期から上昇し始める.そして成人期を通じて上昇し,老年期に再び低下する変化を見いだすことができる.このように,生涯を見渡したときにも,青年期は自尊感情が一時的に低下しやすい時期であるということができる(成人期以降の自尊感情については第11章も参照).

3) アイデンティティの探求

エリクソン(第1章参照)はアイデンティティの感覚を「内的な不変性と連続性を維持する各個人の能力(心理学的意味での自我)が他者に対する自己の意味の不変性と連続性に合致する経験から生まれた自信」であると述べている(Erikson, 1959/1973;高坂,2013).ここで不変性とは,さまざまな役割や立場をとっているとしても,全体としては他の誰とも異なる自分自身であることを意味し,連続性とは過去・現在・未来の自分自身がつながりをもっていることを意味する.さらにこれらの感覚が,自分だけでなく他者からも認められることが必要となる.つまり,アイデンティティの感覚とは,他の誰とも異なる確固たる自分自身がずっと存在し続けていることを,自分自身も周囲の人も認識できていることから生じる自信として感じられるものだということができる.

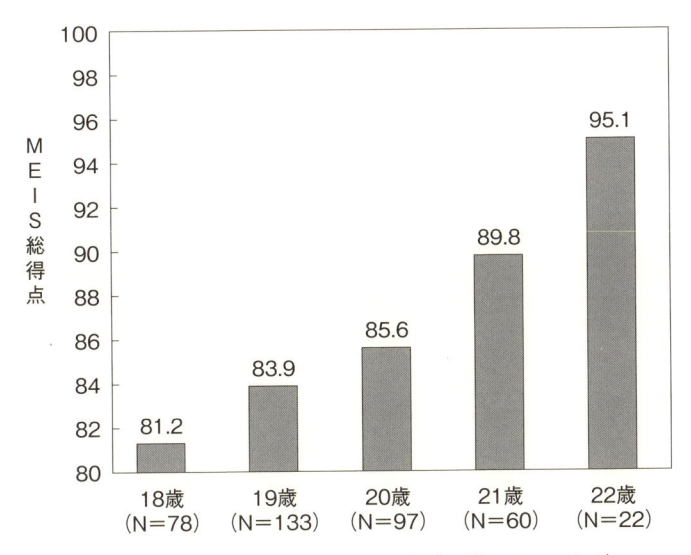

図8-7 年齢別のアイデンティティ得点(谷,2001より)

谷（2001）は，アイデンティティの感覚を測定する尺度（多次元自我同一性尺度：MEIS）を構成し，年齢別のアイデンティティ得点を報告している（図8-7）．18歳から22歳にかけて，アイデンティティ得点は上昇しており，青年期中期から後期にかけて，次第にアイデンティティの感覚が獲得されていく様子がうかがえる．

4　青年期中期の自己の再構築

　青年期は，自我・自己を再構築する時期であるといわれる．そして，青年期中期は，まさにそのプロセスのただ中に相当する．この時期は「自分とは何か」という全般的な答えを探求する，言い換えるとアイデンティティ（自我同一性）の形成・確立を試みていく．ドイツのシュプランガーは，青年期の大きな特徴の一つとして**自我の発見**を挙げた．すなわちこの時期の青年たちは，自分自身の内面の動揺や苦痛，孤独を体験しながら，自分自身の主体である自我を再発見し，自分の主観的世界を再統合し，新たに作り出すことを試みていくのである．

　自己の諸側面を見ると，青年期中期に相当する高校生の時期に，学業や成績についての自己認識，また容貌などの身体的側面の自己認識に特にこだわりをもつことが多い（宮沢，2012）．さらに先に示したように，高校を卒業してどのような進路に進むのか，選択を突きつけられるようになる．また交友関係も広がり，家庭内や狭い友人関係では触れることのなかった，多様な価値観に触れることで，自分の存在そのものを問い直し，自我・自己を再構築し始める．そのことによって，図8-6のように一時的に自信が失われることもある．しかし，図8-6や図8-7にも示されているように，自我・自己の再構築が進むにつれて，自分自身に対する評価も上昇を始める．このように青年期中期は，自分という存在がどのようなものであるのかに悩み始め，解決へとつなげていく過渡期なのである．

[小塩真司]

＜用語解説＞

* **第二次性徴**　思春期に見られる，男女の性差と生殖能力獲得への身体的変化．男性では精通やひげの発毛など，女性では初潮や乳房の増大などをともなう．
* **リスクテイキング行動**　意思をともなって，危険に結びつく行動をとること．青年期のリスクテイキング行動としては，飲酒や喫煙，無軌道な性交渉など

がある．
＊**横断調査** 年齢の異なる集団へ同時に調査を実施し，年齢間の差異を求めることで発達的変化について考察する調査の方法．

親に感謝するこころ

あなたは親に感謝しているだろうか．「わがままでどうしようもない親に感謝なんかできない」という人もいれば，一人暮らしや結婚といった人生の節目に親への感謝が改めて実感されたという人もいるだろう．

親に感謝している程度は，15歳から60代にかけて，父親と母親の両方で継続して大きい得点を示している（図）．このように，親への感謝の気持ちを感じている人は各年代にわたり多くみられるが，その意味あいは発達の時期によって異なると考えられる．

特に青年期は，親に対して素直に感謝しにくい時期である．感謝することが依存しているという感覚につながり，親からの自立を模索する青年にとって葛藤が生じやすいと考えられる（内藤，2004）．池田（2006）は，青年が母親に感謝しているときに感じる気持ちとして，援助してくれることへのうれしさ，産み育ててくれたことへのありがたさ，負担をかけたことへのすまなさ，今の生活をしていられるのは母親のおかげだと感じる気持ちという4種類を見いだし，自分が苦労しているのは母親のせいだと感じる気持ちとあわせて検討している．その結果，中学生から大学生にかけて，負担をかけたことへのすまなさと自分が苦労しているのは母親のせいだと感じる傾向が小さくなり，母親に対する感謝を素直に感じられる状態へと変化していくことが示唆されている．青年期後期には，親からの自立と親への依存という葛藤を越えて，親への感謝を素直に感じられるようになるのであろう．

成人期には，親の老いを認知することで，感謝の気もちをより強く感じる傾向がみられる（池田，2014）．その感謝の気持ちは，年をとった親の姿や親が経験してきた苦労を踏まえたものであるといえよう．さらに，親との死別を経て，新たな感謝の気持ちを抱くことも考えられる．

親に感謝するこころは，「親に感謝すればよい，感謝していなければ悪い」といった単純な二分法的観点で理解することは十分でない．親に感謝するこころについて考えることは，これまで当たり前だと思っていた親との関係をとらえ直すきっかけにもなるといえる．

［池田幸恭］

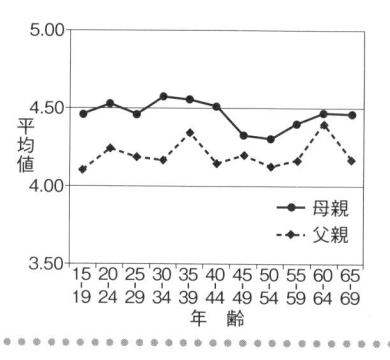

図　親への感謝の気持ち得点の年齢的変化（池田，2013を再分析して作成）　父親および母親への感謝の気持ちについて，「まったく感じていない」（1点），「あまり感じていない」（2点），「どちらともいえない」（3点），「やや感じている」（4点），「非常に感じている」（5点）という回答の平均値であり，得点範囲は1.00から5.00であった．

第9章

青年期後期

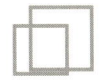

　高校を卒業して大学や専門学校に進学した若者，職に就いている若者は，青年期後期に位置する．年齢上は「おとな」とみなされることもあれば，まだそのようにみなされない場合もあるが，これまで以上に「おとな」としての振る舞いが期待されるようになる．この時期，人生の経路はさらに多様化し，それぞれがそれぞれ独自の道を歩んでいく．たとえば同じ大学に進学したとしても，そこで学ぶ学問領域はきわめて多様であり，関心の対象も幅広いものになる．対人関係においては同性だけではなく異性との関わりも重要視されるようになり，将来の見通しを明確にして社会の中で自分自身をどのように位置づけていくかということも重要な発達上の課題となる．

1　青年期後期の特徴

1）おとなか子どもか

　青年期後期は，社会との関わりがそれまで以上に増えていく時期でもある．そしてこの時期は，子どもからおとなへと扱いも徐々に変化していく．では社会の中では，子どもとおとなの年齢区分はどのようになっているのだろうか．

　法律や社会制度を見ると，子どもとおとなの年齢区分は単一ではなく，さまざまである（宮沢, 2012）．たとえば，民法第731条では「男は，十八歳に，女は，十六歳にならなければ，婚姻をすることができない」と婚姻年齢が定められており，第4条では「年齢二十歳をもって，成年とする」とも定められている（なお，20歳未満でも婚姻経験がある場合には成年とみなされる）．また児童福祉法では，少年を「小学校就学の始期から，満十八歳に達するまでの者」と定めている．道路交通法では，児童が6歳以上13歳未満，普通二輪免許や原付免許を与

えない者として 16 歳未満，普通免許や大型特殊免許等を与えない者として 18 歳未満が定められている．

これら法律の定めにあるように，青年期後期に相当する 10 代の終わりから 20 代の初めにかけての時期は，法律上おとなの扱いを徐々に受けるようになる．いわばこの時期は，子どもとおとなの境界線に位置していることがわかる．

2）成人形成期

近年，18 歳から 25 歳頃までの時期を，**成人形成期**（emerging adulthood; Arnett, 2000）と呼ぶことがある．この時期の特徴は，不安定で，自己に関心が向き，**アイデンティティ**の探求（自分の興味や能力を自覚するために，さまざまな役割を試してみること）が行われる（白井，2013）．この時期以前の青年期とは異なり，この時期では職業（正規・非正規・アルバイト）など，実際に試行錯誤をしながら現実的な人生の探求を行っていく．そのような試行錯誤の探求の中で，自分なりのライフコースを数多くの選択肢の中から柔軟に選び取っていくプロセスが，この時期に見られる．

2　大学生活の意義

1）進学率の変化

高校を卒業した者のうち，進学者の割合をグラフにしたものが図 9-1 である（文部科学省，2013）．平成 25 年度において，四年制大学への進学率は約 53％，短期大学への進学率は約 5％，専門学校への進学率は約 17％となっている．これらを合わせると，おおよそ 7 割の高校卒業者が，いずれかの教育機関へ進学している様子がわかる．

四年制大学への進学率は，昭和 49（1974）年から平成 2（1990）年までほぼ横ばいであったが，その後は急速に上昇した．これは，この時期に法的規制緩和による大学新設や定員の増加が相次ぎ，さらにその時期に少子化の影響で 18 歳人口が減少したことによる．平成 13（2001）年以降になると，大学・学部増設の審査が緩和されたことで，再び大学・学部の新設，短期大学から四年制大学への移行が増加した．この時期さらに少子化が進むことで，**大学全入時代**と称される，大学への進学希望者よりも入学定員が上回るような状況が生じているといわれている．

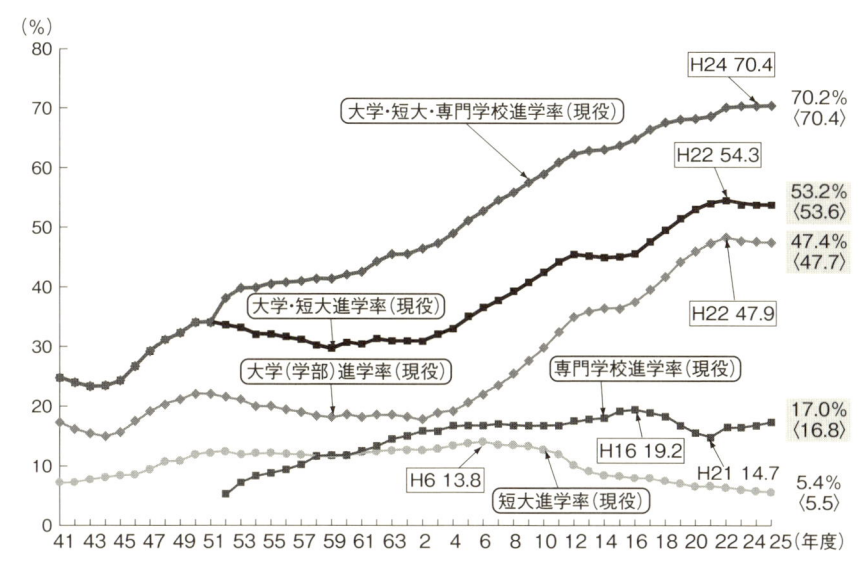

図9-1 高等学校卒業者の進学率の推移（文部科学省，2013より）

(注) 1 〈 〉は前年度の数値である（以下同じ）．
2 図中の枠囲いは，最高値である（以下同じ）．
3 大学・短大進学率（現役） = （大学の学部，短期大学の本科，大学・短期大学の通信教育課，同別科及び高等学校・特別支援学校高等部専攻科に進学した者）/（各年3月の高等学校卒業者及び中等教育学校後期課程卒業者）

　その一方で，大学・短期大学は学力レベルや学校の歴史，実績などによる社会的評価から，人気があって入学難度の高い特定の大学群と，入学志願者が少なくほとんど入学競争をともなわず，入学定員数を満たさない大学群との二極化が進んできた．高校生の勉学意欲にもこのことが影響し，勉強しなければ大学に入れないと考える高校生の一群と，勉強しなくても大学に行けると考えている一群とが生じてきている（宮沢，2014）．

2) 大学への適応

　大学入学直後の，1年生春学期（前期）段階の早い時期の適応が，大学での学習や生活に大きく影響するといわれている．個人が大学生活全般において満足し，適応していると感じる程度のことを**大学適応感**という（大隅他，2013）．
　大学入学後の縦断的調査によれば（大隅他，2013），男子学生も女子学生も，大学入学直後に比べて半年の間に大学適応感は低下していくことが示されている

(図 9-2)．また，この調査とは別の大学の全新入生を対象とした縦断的調査においても，調査が行われたいずれの学部・学科においても入学後1年間で満足度が低下する様子が報告されている（小塩他，2011）．

では，何が大学への適応を阻害する要因となるのだろうか．まず性別に関しては，図 9-2 に示すように女性よりも男性の方が，大学適応感が全体的に低いといえる．また，大学入学直後においては，入学した大学が第一志望である学生はそうではない学生よりも，また仲間を得て楽しく過ごそうとする仲間志向性が高い学生の方が専門的な知識を得ようとする学生よりも，大学適応感が高い傾向にある．ところがその一方で，大学入学後しばらくすると，第一志望の大学に入学し仲間志向性の強い学生は，そうではない学生よりも，入学直後に高かった適応感が急激に低下していく傾向が見られた（大隅他，2013）．これは，入学時に抱いていた期待と，現実とのギャップを強く感じた結果であるかもしれない．

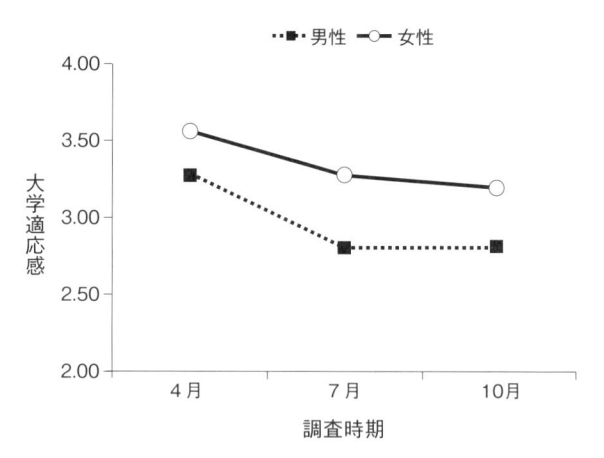

図 9-2　男女別の入学後の調査時点における大学適応感の平均値（大隅他，2013 を改変）

3) 学生のタイプ

京都大学の溝上は，学生が授業以外で大学生活を構成するさまざまな活動にどのくらい時間を費やしているかという指標に基づいて，統計的な手法を用いて学生のタイプを導き出している（溝上，2009，2010）．大学生活のさまざまな活動をおおまかにまとめると，「授業外学習・読書」「インターネット・ゲーム・マンガ」「友人・クラブ・サークル」の3つの要素にまとめることができた．そして

これらの要素をどの程度もつかによって，次の4つのタイプが導き出された．
　タイプ1：インターネット・ゲーム・マンガの活動が多い，自宅で過ごすタイプ（約16％）．
　タイプ2：いずれの活動も相対的にあまりしない，活動性の低いタイプ（約34％）．
　タイプ3：いずれの活動にも従事する，活動性の高いタイプ（約27％）．
　タイプ4：友人・クラブ・サークルの活動が多い，人間関係重視のタイプ（約23％）．

　これらのタイプについて，さらに詳しい特徴を見てみたい（溝上，2009，2010）．充実感についてはタイプ3・タイプ4の学生の方がタイプ1・タイプ2の学生よりも高かった．将来設計や学習動機についてはタイプ3の学生が他のタイプに比べて高く，授業外の学習や自主学習もタイプ3の学生がもっとも取り組む傾向にあった．大学生活で重点を置く事柄に関しては，タイプ3の学生は「勉学第一」という回答との関連が強く，タイプ4の学生は「クラブ第一」「豊かな人間関係」と回答する傾向，タイプ1の学生は「趣味第一」と回答する傾向が見られた．タイプ3は，日々を充実させ，大学生活を通して自分が成長していると実感している学生だということができる．タイプ4もタイプ3とよく似ているが，どちらかというと勉学よりも人間関係を重視して生活を楽しんでいる．いずれにしても，タイプ3とタイプ4の充実した学生生活を送っている大学生が，全体の約半数を占めているということができるだろう．
　また，いわゆる受験偏差値が高い大学に通う学生の方が，タイプ3やタイプ4に分類される傾向も見いだされている（溝上，2009）．

3　異性との関係

1）異性と親密になる

　目の前に，男女2人が手をつないで仲良さそうに歩いている．その2人がどれくらいの年齢から，2人は「**恋愛関係にある**」と考えるだろうか．幼稚園児2人が並んでいても，あまり恋愛関係にあるとは考えないだろう．では，小学校2年生ではどうだろうか．小学校6年生ではどうだろうか．中学生，高校生ではどうだろうか．どこに，恋愛だと感じる境目があるのだろうか．
　思春期・青年期に入ると，異性関係が児童期までとは異なったとらえられ方を

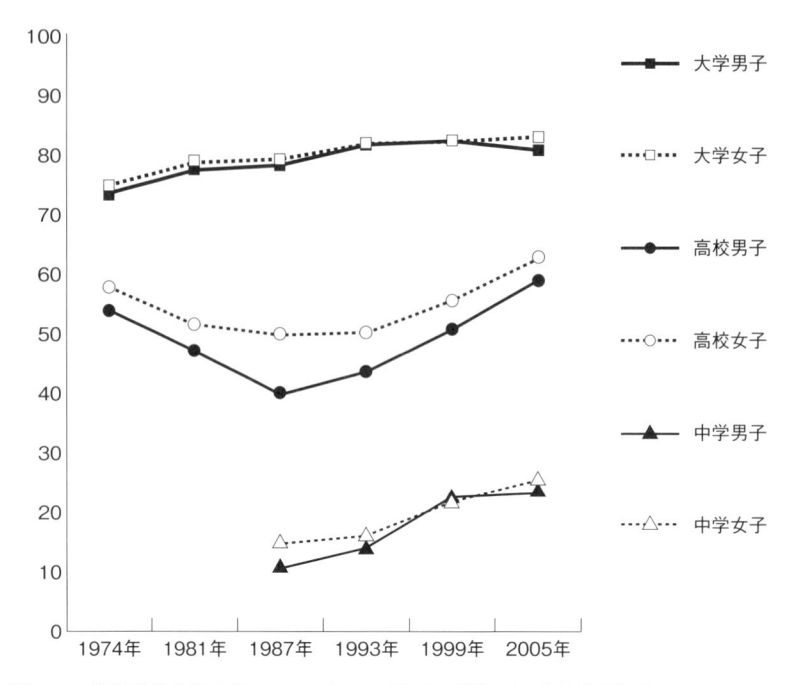

図 9-3 学校段階と調査年によるデート経験率の推移（日本性教育協会，2007 より）

するようになる．その背景には，**第二次性徴**による身体的変化にともなう身体的な性の受容と，**社会的な性（ジェンダー・アイデンティティ***）の受容という側面がある（藤井，2013）．意識調査の結果によると（図 9-3），中学生のおよそ 2 割，高校生のおよそ 6 割，大学生のおよそ 8 割が，異性とのデートを経験している（日本性教育協会，2007）．このように男女とも，青年期を通じて，異性との親密な関係をもつ経験率が高くなっていく．

また，調査年による変化を見ると，過去 30 年間でデート経験率は徐々にではあるが増加してきている．この背景には，性に関する情報が入手しやすくなっていることや，世間の慣習よりも互いの愛情を重視するという価値観の変化があると考えられる（藤井，2013）．

2）恋愛スタイル

カナダの心理学者リーは，**恋愛の色彩理論**と呼ばれる，恋愛スタイルの 6 類型を提唱した（Lee, 1973）．主要型として，(1)エロス型（恋愛を最優先し，一目

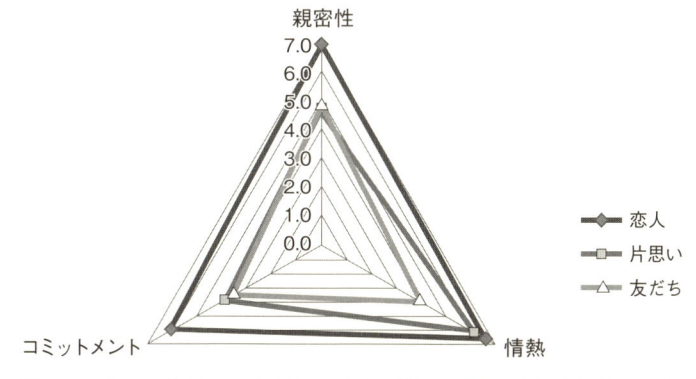

図9-4 恋人・片思い・友だちに対する愛の3要素得点（金政・大坊，2003をもとに作成）

惚れを起こしやすく，ロマンチスト），(2)ルダス型（恋愛をゲームのように楽しむ），(3)ストルゲ型（穏やかで友情的な恋愛）があり，副次型として，(4)プラグマ型（恋愛を他の目標達成の手段と考える），(5)アガペ型（相手の利益優先で，見返りを求めない），(6)マニア型（激しい感情，独占欲，執着心）が想定されている．なお日本の大学生への調査結果から，男女とも比較的独占欲が強く嫉妬しやすいマニア型を中心としながら，アガペ型で愛情の深い男性と，ルダス型・プラグマ型で愛情の強くない女性が比較的多いと考えることもできる（藤井，2013）．

　アメリカの心理学者スターンバーグは，**愛の三角理論**と呼ばれるモデルを提唱した（Sternberg, 1986, 1987）．このモデルの3要素とは，(1)親密性（親しさ，結合，つながり，暖かさの感覚），(2)情熱（身体的・性的魅力を引き起こす動因），(3)コミットメント（関係への関与，言動，意思決定）である．これら3つの要素が適度な強さでバランスがとれているとき，理想的な愛が形作られるという．大学生を対象とした調査から（金政・大坊，2003），相手が友だちであるよりも片思いの相手のほうが情熱得点が高くなり，相手が恋人になると残りの親密性やコミットメントの得点も高くなることが示されている（図9-4）．

3) アイデンティティのための恋愛

　青年期後期の恋愛は，アイデンティティの模索・確立と深く関わっているともいわれる．大野（1995, 2000）は，学生のレポートを分析する中で，表9-1の

ような特徴を有する恋愛のスタイルが多く見られることを報告し，これを**アイデンティティのための恋愛**と名づけた．

表9-1 アイデンティティのための恋愛の特徴（大野，1995に基づき作成）

(1) 相手からの賛美・賞賛を求めたい（「好きだ」「素敵だ」といってほしい）
(2) 相手からの評価が気になる（「私のことをどう思う」という）
(3) しばらくすると，呑み込まれる不安を感じる（あまり「好きだ」といわれるとかえって不安になる）
(4) 相手の挙動に目が離せなくなる（「自分のことを嫌いになったのではないか」と気になる）
(5) 結果として多くの場合交際が長続きしない

　エリクソンのアイデンティティ理論では，異性との交際から結婚にいたる親密性の獲得は，アイデンティティ達成後の若い成人期でなされることが想定されている．たとえアイデンティティが完全に獲得されないまでも，確固たるアイデンティティを獲得しようと試みることが先であり，その後で異性との成熟した親密な関係が生まれるということである．しかし，親密性もアイデンティティも十分に発達していない若者が，自分自身のアイデンティティを他者からの評価によって定義づけようと試みることがある．このような状況のとき，青年はアイデンティティのための恋愛に陥りやすくなると考えられるのである．

　アイデンティティのための恋愛から抜け出す際には，次の6つの特徴が重要になるという（大野，2004）．(1)無条件性（相手に条件を求めず，ありのままの相手が好きでいられる），(2)相互性（自分のことだけ考えるのではなく，相手のこと，2人のことも考えられるようになる），(3)防衛の消失（ありのままの自分を出せるようになる），(4)人生のパートナーシップ（お互いが精神的に支えあう存在になる），(5)時間的展望（将来の2人のことまで考えられる），(6)身体症状の消失（ドキドキしない．「会うとドキドキするから好き」ではなく，「安心感や信頼感があるから好き」へ）．恋愛から結婚にいたった場合，もしかすると50年以上の非常に長い期間，夫婦であり続ける．そのような長い期間，どきどきした状態であることは現実には難しいともいえる．2人で長い間，あたり前のように暮らしていくことが恋愛の後に待っているならば，お互いに安心できる存在になることが重要だと考えられる（小塩，2009）．

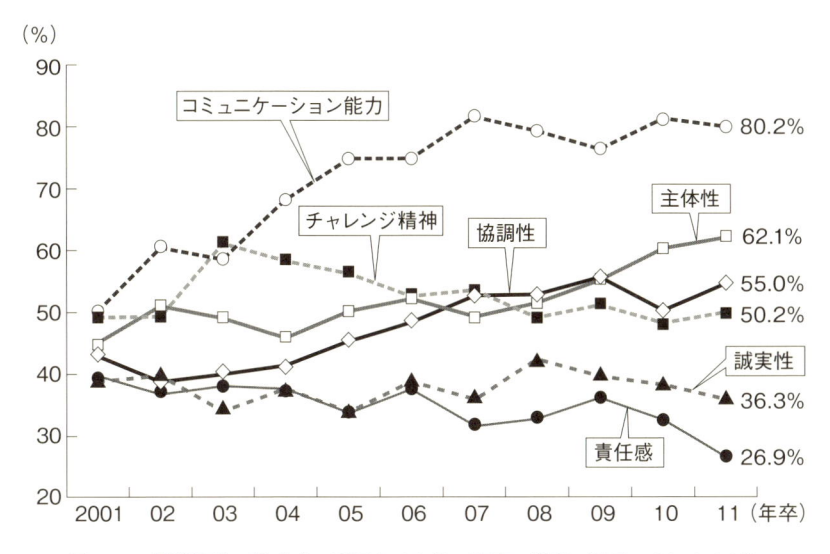

図9-5 就職活動の選考時に重視する上位の要素の推移（常見，2012より）
（資料：経団連「新卒採用に関するアンケート調査」（2001〜2011））

4 就職

1) 求められる人材

　大学3年生の夏休みが過ぎると，学生の頭の中には次第に**就職活動**という言葉が重くのしかかるようになってくる．第8章の図8-2（p.87）に示したように，高校入学者を100としたとき，大学に進学して寄り道をせず就職にいたる人数は30にも満たない．にもかかわらず，大学生の就職活動は一種の風物詩として，マスコミに取りあげられたりもする．

　就職活動では，どのような人材が求められるのだろうか．また，社会の変化とともに，企業が学生に求める能力も変化してきているのだろうか．

　日本経済団体連合会では，毎年，新卒採用に関するアンケートを行っており，その中で「選考にあたって特に重視した点」という質問を行っている（日本経済団体連合会，2014）．2013年4月入社の選考において重視した内容の報告によると，1位が「コミュニケーション能力」，2位が「主体性」，3位が「チャレンジ精神」，4位が「協調性」，5位が「誠実性」，6位が「責任感」であった．これら上位の内容について，2001年入社から2011年入社までの推移を表したものが図9-5である．2001年当時では，これらの項目の選択の差はあまり見られな

かった．しかし，2000年代半ば以降は「コミュニケーション能力」の選択が非常に多くなり，近年は「チャレンジ精神」よりも「主体性」が重視されるようになってきている．

2006年には，経済産業省が職場や地域社会で多様な人々と仕事をしていくために必要な基礎的な力として**社会人基礎力**と呼ばれる概念を提唱した．社会人基礎力とは，「前に踏み出す力（アクション）」「考え抜く力（シンキング）」「チームで働く力（チームワーク）」という3つの能力で構成される．これらの内容は，図9-5の「チャレンジ精神」「主体性」「協調性」「コミュニケーション能力」などに相当するものだといえるだろう．

2）進路未決定

大学4年生にもなると，「まだ就職が決まっていない」という言葉を口にする学生の表情は暗い．**進路未決定**とは，高校や大学において卒業後の進路がまだ決まっていない状態を指す．しかしながら，この言葉の背景には，「まだ進路が決まっていない」という状態と，「どんな進路を目指すか決心できない」という意思決定上の問題とが混在している（若松，2006）．ただし進路指導や進路相談においては，後者の意思決定上の問題に力点が置かれている．

アメリカの学生相談センターの報告では，進路未決定の学生をおおよそ2つのタイプに分類できることが知られている．一つは「優柔不断（indecisive）型」であり，もう一つは「未決心（undecided）型」である．優柔不断型の学生は，進路のみならず，意思決定課題全般において決断をすることができず，優柔不断な態度を取り続ける．この背景には，特段の理由なく不安になりやすい個人特性である特性不安の強さがあるとされる．未決心型の学生は，進路に関する情報が不十分であったり，進路の決め方に確信がもてなかったりするために，未決定の状態に陥っている者である．このタイプの学生は，適切な情報やアドバイスによって進路決定が促される可能性が高いといえる（若松，2006）．

3）アイデンティティ地位

マーシャ（Marcia, 1966）は，エリクソンのアイデンティティ概念を，4つのアイデンティティの状態に整理した．そしてその状態を，**アイデンティティ地位**と呼んだ．

アイデンティティ拡散：アイデンティティの危機を経験しておらず，職業や自

分の信じる道について積極的に関与する試みを行っていない．

早期完了：アイデンティティの危機を経験していないにもかかわらず，自分の目標や信念に積極的に関与している．

モラトリアム*：アイデンティティの危機を経験し，まだ解決していないが，解決のために積極的に選択肢を模索している．

アイデンティティ達成：アイデンティティの危機を経験し，それを自分のやり方で解決し，現在は職業や社会的役割に積極的に関与している．

これらを就職活動にあてはめると，就職活動を何もしていなかったり，何をしたらよいのかがわからなかったりする状態がアイデンティティ拡散に相当すると考えられる．また，特に悩むこともなく自分の進む道を決めてしまう状態が早期完了，どうしようか迷いつつ行動し続けている状態がモラトリアム，そして十分に悩んだ上で「これだ」と結論を出す状態がアイデンティティ達成に相当するといえるだろう（小塩，2009）．

4）就職活動による自己成長

進路指導では，自分で自分の人生を生きていく力，自分のキャリアの中で自己実現をしていく力などを育成することが重要視されている．では実際に学生たちは，就職活動を通じて「何かを得た」「成長した」と感じるのだろうか．

浦上（1996）は，短大生を対象とした**縦断調査***から，就職活動から自己成長にいたるプロセスを検討している（図9-6）．まず，「進路選択をうまくやっていけるだろう」という感覚を意味する進路選択に対する自己効力が，3つの就職活

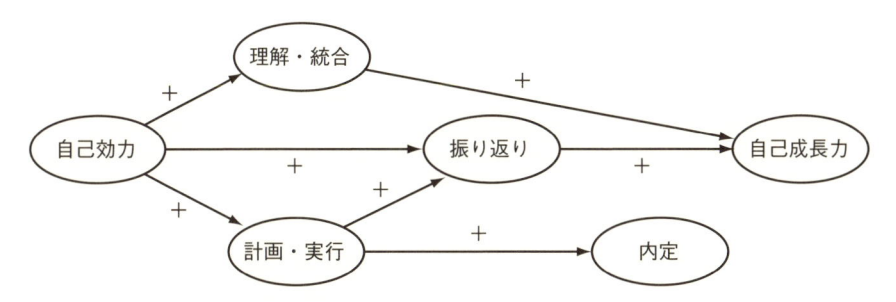

図 9-6　就職活動を通じた自己成長（浦上，1996より作成）

(注) 自己効力：進路選択に対する自己効力，理解・統合：自己と職業の理解・統合，計画・実行：就職活動の計画・実行，振り返り：就職活動に対する振り返り，自己成長力：自己成長力の変化

動における自己成長に対してプラスの影響を及ぼしている．就職活動のうち計画を立て実行していく側面を十分にもつことは，実際の内定につながる．またこの計画・実行は，あとから自分自身の就職活動を振り返ることを通じて，自己成長へとつながっていく．さらに，就職活動を通じて自分自身と職業について考え，自分と職業を統合的に理解していくことも，自己成長に結びついていた．その一方で，内定の有無は自己成長につながっていない．つまり，就職活動では自分自身を見つめたり，自分の活動を振り返ったりすることが自己成長をうながすのであり，うまく内定を得ることができたとしても，就職活動の内容次第では，自己成長へとつながらないこともあり得るのである．

5　社会との関わりの中で

　青年期後期は，生まれてから積み上げてきた多様な「～としての自分」を，社会との関わりを通じてまとめ上げていく時期に相当する．このプロセスはスムーズにいくものではなく，さまざまな困難や障害が生じる可能性がある．大人としての自覚をもつまでには，自分とは何かを問い続ける過程で青年たちは常に悩みや不安，動揺，混乱，苦悩，落胆などにさらされている（原田，2012）．

　特にこの時期は高校までとは異なり，より広い社会とのつながりが生じ，異性関係の深まりに見られるように対人関係も深く複雑になっていく．また就職活動のように社会の中で自分の能力をどのように発揮し，自分と社会がどのようなつながりをもっていくのかを強く意識させるイベントが数多くある．このような経験を重ねる中で，より現実社会に則した自分自身のあり方を模索する時期が，青年期後期の一つの特徴だといえるだろう．　　　　　　　　　　　　　　　［小塩真司］

＜用語解説＞

- ＊ジェンダー・アイデンティティ　性同一性とも呼ばれる．自分がどの性別に属しているかという自分自身の感覚や認識のこと．
- ＊モラトリアム　社会に出て一人前の人間だとみなされることを猶予されている期間のこと．たとえば大学生の時期は仕事に就くことを猶予された時期とみなすこともできる．
- ＊縦断調査　同一の対象に期間を開けて2度以上繰り返して調査を行うことで，発達的変化を確認する調査の手法．

恋人を欲しいと思わない青年の特徴

　これまでの発達心理学では，人は青年期に入ると，異性に関心をもち，何度か恋愛関係の構築・維持・崩壊を経験したのち，結婚するというプロセスが，前提とされてきた．しかし，現在，異性や恋愛に対して興味を示さず，恋人をほしいと思わない青年がある程度見られるようになってきている．たとえば，国立社会保障・人口問題研究所（2012）が18～34歳の未婚者を対象に行った調査では，男性の27.6％，女性の22.6％が交際している異性がおらず，「特に異性との交際を望んでいない」と回答していた．年齢別に見ると，男女ともに18～19歳という比較的若い者ほど「望んでいない」と回答する割合が高い（男性34.7％，女性33.0％）が，その後低下し，25～29歳では男性24.4％，女性17.2％まで下がるが，30～34歳になると再びその割合は上昇している．

　このような恋人をほしいと思わない青年は，これまでの発達心理学の前提から外れるためか，あまり論じられたり，研究されてくることはなかったが，近年になり，散見されるようになってきている．谷口（2013）は，恋愛に対して不安はないが，積極的に回避している者の特徴として，①恋愛を面倒くさいと感じている，②責任（コミットメント）の回避，③恋愛イメージの悪さ，という3点をあげている．また，高坂（2011）は，恋人がいる大学生，恋人がいないのでほしいと思っている大学生，恋人をほしいと思っていない大学生について，比較検討を行っている．その結果，恋人をほしいと思っていない大学生は，アイデンティティの確立の程度が低く，精神的に不健康で独断性が高いことを明らかにしている．

　これらの論究・研究から，恋人をほしいと思わない青年は，ネガティブな特徴をもっていることがうかがえる．しかし，"恋人をほしいと思わない青年"といってもその理由は多様であり，簡単にひとくくりにできない．髙坂（2013）は，恋人をほしいと思わない青年が恋人をほしいと思わない理由には，「恋愛による負担の回避」「恋愛に対する自信のなさ」「充実した現実生活」「恋愛の意義のわからなさ」「過去の恋愛のひきずり」「楽観的恋愛予期（いずれ恋人はできるだろうという思い）」という6つがあり，「負担の回避」や「自信のなさ」を主な理由とする者は，アイデンティティの確立の程度が低いが，「楽観的恋愛予期」を主な理由とする者は，アイデンティティの確立の程度が，恋人がいる者と同程度であることを明らかにしている．

　恋愛をするかしないかは，個人の自由なのであるが，恋愛に対する価値づけの高い日本では，恋愛をしない／望まないことが，ネガティブな評価やイメージに直結しやすい．だからこそ，恋人をほしいと思わない青年について複眼的に検討することで，そのような青年のポジティブな側面や，青年期における恋愛の意義などを，把握することができるはずである．

［髙坂康雅］

第10章

成　人　期

　人はいつから「おとな」だと自覚するようになるのだろうか．働き始めるときだろうか，結婚するときだろうか，それとも子どもができた時だろうか．しかしながら，このようなライフイベントを，かならず全員が経験するというわけではない．そのようなライフイベントを経験しなければ，大人にはなれないのだろうか．そうではなく，単に年齢を重ねれば「おとな」になるのだろうか．いずれにしても，たしかにある状況下で多くの人が経験するライフイベントというものは存在しており，そのイベントを経験することで心理的な変化も経験する．ここでは，成人期（成人初期から中年期，あるいは成人期前期から後期）に焦点をあて，そこでの経験，変化やプロセス，特徴をとりあげてみたい．

1　結婚と離婚

1) 結婚年齢の変化

　日本はこの数十年間，一貫して**平均初婚年齢**が上昇してきている（図10-1左）．1975年に男性27.0歳，女性24.7歳だった平均初婚年齢は2006年には男性30.0歳，女性28.2歳となり，2011年では男性30.7歳，女性29.0歳にまで上昇してきた．

　図10-1右のグラフは，男女別の**生涯未婚率**の推移である．ここでの生涯未婚率は，45歳から49歳と50歳から54歳の未婚率の平均値であり，50歳時の平均の未婚率を意味する．1975年において男性で2.12％，女性で4.32％と，女性の方が高い生涯未婚率であったが，1980年代以降，男性の生涯未婚率が上昇してきた．1990年には男性5.57％，女性4.33％となり，2000年には男性

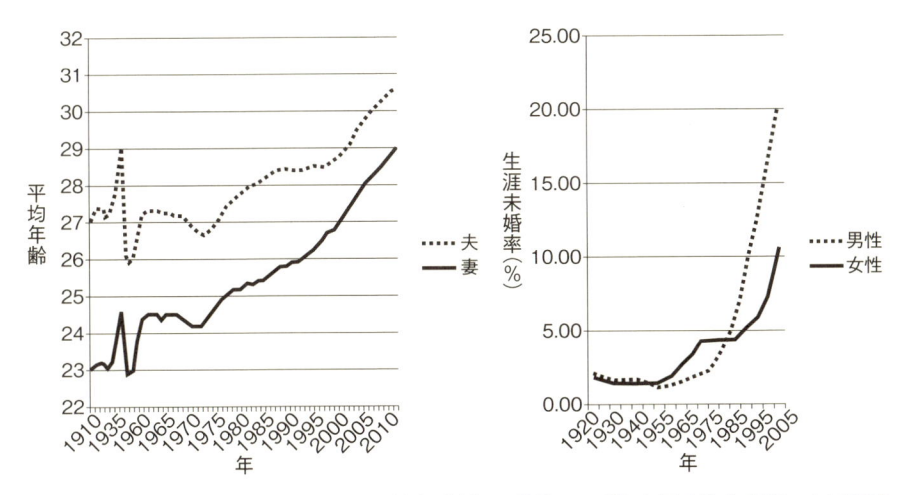

図10-1 平均初婚年齢（左）と生涯未婚率（右）の推移．いずれも国立社会保障・人口問題研究所（2013）の人口統計資料集に基づき作成

12.57％，女性5.82％，2010年には男性20.14％，女性10.61％である．男性の5人に1人，女性の10人に1人は50歳時に未婚という推定値となっている．

2) 離婚率

　時折，「日本の**離婚**件数が増えている」というニュースが流れることがある．そしてそこでは「3組に1組が離婚」と報道されることがある．ただしその数値は，その年に結婚した件数と，その年に離婚した件数との比率である．たとえば，平成24年の東京都の婚姻件数は89,301組，離婚件数は25,329組であり（東京都，2013），この年の婚姻に対する離婚の比率を算出すると28.4％となる．しかしこの数値は，この年に結婚したカップルのおよそ3分の1が離婚するということを意味しているわけではない．なぜならこの数値は，この年に結婚したカップルがこの年に離婚したことを意味しているわけではないからである．この年に結婚したカップルが離婚するかどうかは，まだ結論は出ていない．離婚したのは数年〜数十年前に結婚したカップルであるため，この比率を「3組に1組が離婚」と解釈するのは，離婚をやや過剰に見積もっているかもしれない（加藤，2009）．

　図10-2は，2つの離婚率，**有配偶離婚率**と**普通離婚率**の変化をグラフにしたものである．有配偶離婚率は配偶者を持つ者に対する離婚件数の比率であり，普

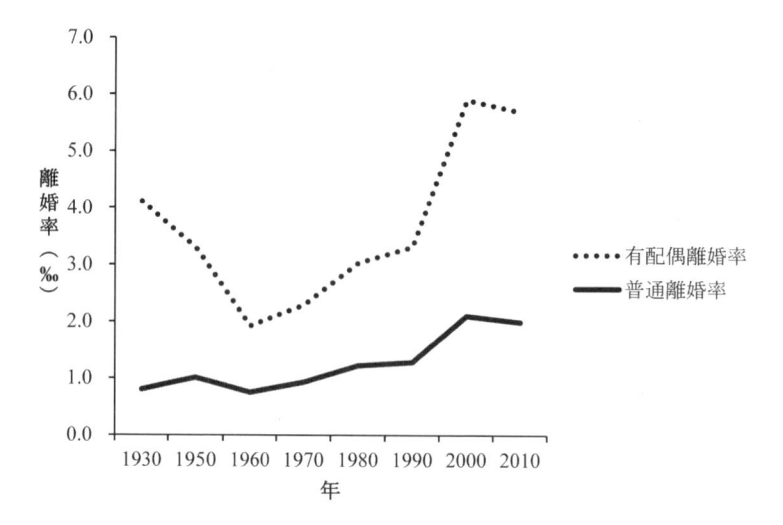

図10-2 離婚率の推移（国立社会保障・人口問題研究所（2013）の人口統計資料集をもとに作成）．有配偶離婚率算出の分母人口は，配偶関係不詳を按分した有配偶人口（総人口）による．15歳以上有配偶人口1,000人に対する率（夫の数値を図示）．普通離婚率は人口1,000人あたりの離婚率

通離婚率は人口あたりの離婚件数の比率である（ともに1,000人あたり）．グラフに示されているように，近年では配偶者をもつ者に占める離婚数の割合は1,000人中およそ6人，人口あたりでは1,000人中およそ2人である．

若者の離婚率は，年長の者に比べて高いのだろうか．図10-3は，男女・年齢別の有配偶離婚率である．グラフに示されているように，2010年では19歳以下の有配偶離婚率は男性が4.8％（48.1‰），女性が8.3％（82.7‰）であり，20～24歳の有配偶離婚率は男性で4.7％（47.1‰），女性で4.8％（48.3‰）である．このように10代から20代前半の有配偶離婚率は他の年代に比べ高く，また近年上昇傾向にあることがわかる．しかしながら，全年代において近年離婚率が上昇してきているという傾向も見られている．

3）離婚におよぼす影響要因

離婚に影響をおよぼす要因は，何だろうか．図10-4は，結婚生活の継続に影響をおよぼす要因とその影響力の強さを図示したものである（加藤，2009；Karney & Bradbury, 1995）．結婚生活の継続を促進する要因としては，男女ともに**結婚生活満足感**と**性的満足感**を挙げることができる．また，結婚生活の継続

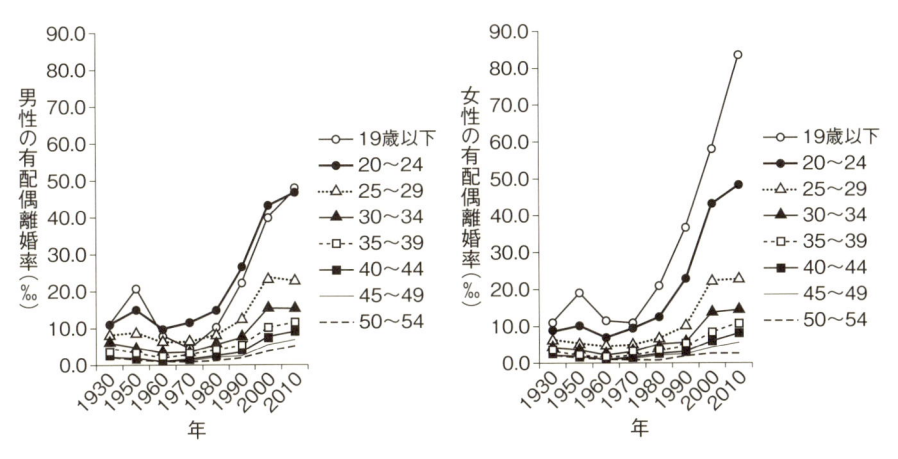

図10-3 男女,年齢別の有配偶離婚率(国立社会保障・人口問題研究所(2013)の人口統計資料集をもとに作成).55歳以上の数値は省略

を阻害する要因を見ると,男女とも「神経質」なパーソナリティであること,男性は「両親が離婚していること」,女性は「結婚前の妊娠」が比較的大きな影響要因となっていることがわかる.

では,結婚生活の満足感を促進・阻害する要因は何だろうか.比較的大きな影響を与えるものとして,夫婦二人でポジティブな行動をし,ネガティブな行動を避けることが挙げられる(加藤,2009;Karney & Bradbury, 1995).夫婦が個別に行動するのではなく,二人で楽しむことができる行動に従事することが,もっとも結婚生活の満足感を高めることに結びつくといえる.また,夫婦の性格が類似していることも,結婚生活の満足感を高める要因となる.

これらの要因については,ストレスや夫婦それぞれの性格要因よりも,結婚生活満足感に大きな影響をおよぼすことが示されている.夫婦がともに楽しめる活動を見つけ,生活を充実したものにしていくことが,結婚生活の維持には重要であるといえるだろう.

2　親になること

1) 出生率

日本では**少子化**が叫ばれるようになって久しい.図10-5の左側のグラフは,

114

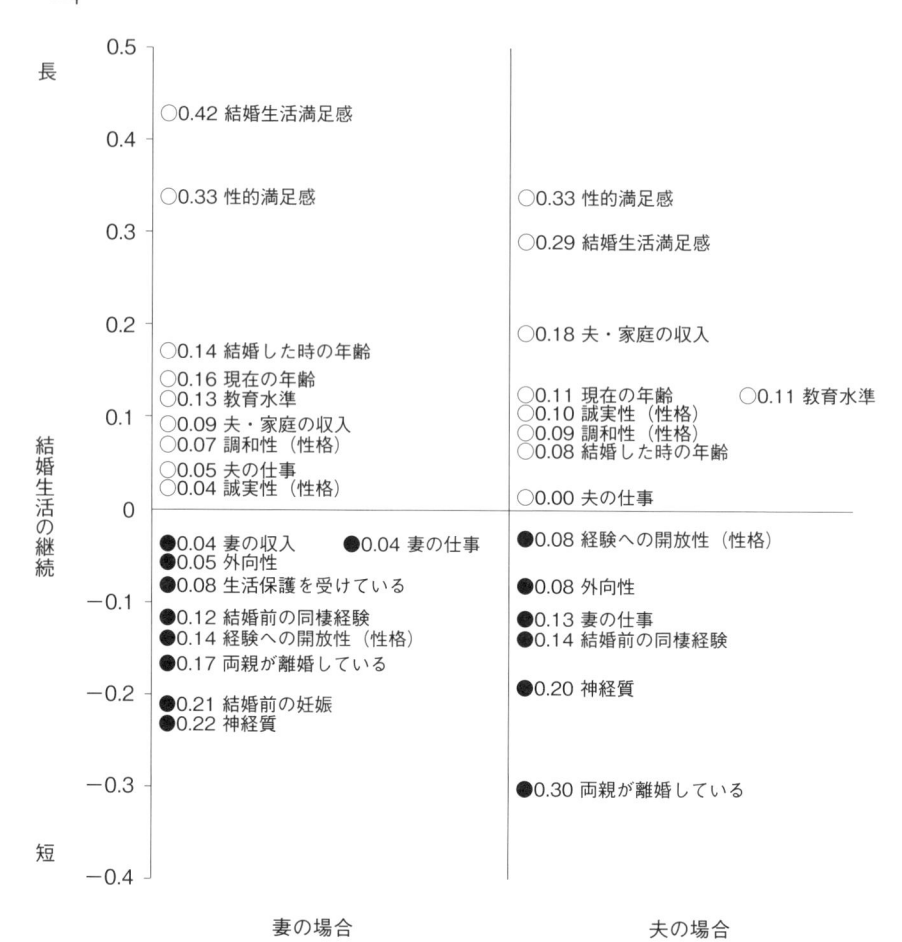

```
長
         0.5

         0.4    ○0.42 結婚生活満足感

         0.3    ○0.33 性的満足感                        ○0.33 性的満足感
                                                    ○0.29 結婚生活満足感

         0.2                                        ○0.18 夫・家庭の収入
                ○0.14 結婚した時の年齢
                ○0.16 現在の年齢
                ○0.13 教育水準                         ○0.11 現在の年齢      ○0.11 教育水準
結  0.1         ○0.09 夫・家庭の収入                    ○0.10 誠実性（性格）
婚               ○0.07 調和性（性格）                   ○0.09 調和性（性格）
生               ○0.05 夫の仕事                        ○0.08 結婚した時の年齢
活               ○0.04 誠実性（性格）
の  0                                                ○0.00 夫の仕事
継
続               ●0.04 妻の収入    ●0.04 妻の仕事        ●0.08 経験への開放性（性格）
                 ●0.05 外向性
        -0.1    ●0.08 生活保護を受けている               ●0.08 外向性
                 ●0.12 結婚前の同棲経験                  ●0.13 妻の仕事
                 ●0.14 経験への開放性（性格）             ●0.14 結婚前の同棲経験
                 ●0.17 両親が離婚している

        -0.2    ●0.21 結婚前の妊娠                     ●0.20 神経質
                ●0.22 神経質

        -0.3                                        ●0.30 両親が離婚している

短       -0.4
                     妻の場合                              夫の場合
```

図 10-4　結婚生活の継続に影響をおよぼす要因の強さ（Karney & Bradbury, 1995 より）

　日本の**合計特殊出生率***の変化である．もしもすべての女性が出産可能な年齢まで生存すると仮定すれば，人口を維持するためには合計特殊出生率が 2 を上回る必要がある．しかしグラフに示されているように，1970 年代後半には合計特殊出生率は 2 を下回り，2010 年では 1.39 となっている．このことによって，現在日本の人口は減少に転じている．
　しかしながら，実は，結婚した女性が子どもを産まなくなっているのかというと，必ずしもそうではない．図 10-5 の右のグラフは，有配偶女性の年齢別出生率を示したものである．19 歳以下の有配偶女性出生率は 1970 年以降増加して

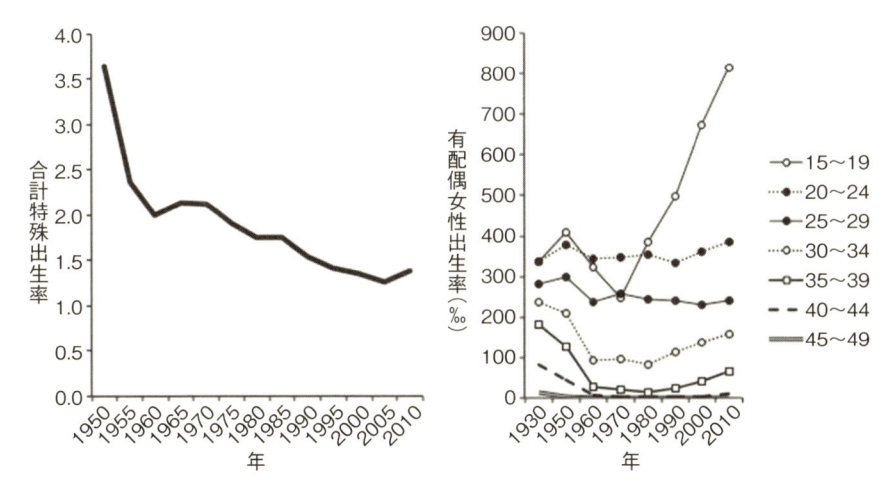

図10-5 合計特殊出生率（左）と有配偶女性の年齢別出生率（右）（国立社会保障・人口問題研究所（2013）の人口統計資料集をもとに作成）

おり，他の年齢でも横ばいあるいは微増していることがわかる．また近年，高齢出産のリスクが話題になることがあるが，1950年以前では現在よりも高齢出産が多かったこともわかる．

これらのグラフに示されているように，結婚した女性が生む子どもの数は減少しているわけではない．出生率の低下は，未婚率の増加（p.111, 図10-2）を反映していると考えられるのである．

2）子どもを生むことによる変化

子どもが生まれると，夫婦には激しい動揺が生じ，ときに夫婦の不和を引き起こす．もちろん親は子どもの誕生を待ち望んでいるのだが，子どもが生まれることで，徐々に夫婦の**性役割観***や**価値観**の違いが明確になる．似たもの夫婦だと思っていても，子どもの誕生によって夫と妻それぞれの優先順位や必要とすることがかけ離れていることに気づく．どれだけ似たもの夫婦であったとしても，すべての事柄についてまったく同じ価値観をもつわけでも，人生についてまったく同じ見方をするわけではない．子どもの誕生は，夫婦それぞれの違いを浮き彫りにするライフイベントなのである（ベルスキー＆ケリー，1995）．

小野寺（2005）の調査では，親になって3年後の時点で，夫の約6割，妻の約7割が，夫婦関係に変化が生じたと回答していた．また，子どもが生まれる

前に比べ，子どもが誕生してから2年間で夫婦の親密性が低下する様子も観察された．

しかし，子どもが生まれることによって，すべての夫婦の関係が悪化するのだろうか．ある調査によると，子どもが生まれる前後の夫婦関係の変化には，次の4つのパターンがあるという（ベルスキー＆ケリー，1995）．

(1) ひどく悪化：12〜13％．互いの考え方の違いから反目し合うようになる．相手にも結婚にも信頼を失う．
(2) 少し悪化：38％．ひどい悪化にはならないが，夫婦関係は疎遠になる．
(3) 変化なし：30％．関係を克服することはできたが，関係が向上することはない．
(4) 向上：19％．子どもが生まれてから，互いを以前よりも信頼し，愛しあうようになった．

このように，どちらかというと子どもが生まれた後で夫婦の関係が悪化する割合は高いが，それはすべての人にあてはまるわけではないのである．

3) 子育てがうまくいかない母親

子育てがうまくいかない母親には，どのようなパターンがあるのだろうか．岡本（2006）は，現代社会における「親になれない親」の特徴を次の4つに分類・整理している．

(A) 未熟型：10代〜20代初期の若い母親に多いタイプであり，経済的，心理的に母親の役割を果たすだけのゆとりがないタイプ．
(B) 母子未分化型：高学歴で経済的に困っているわけではないが，心理的に満たされないタイプ．夫婦関係が疎遠であり，母親のみが子育ての責任を負っていることが多い．

(A)(B)のタイプは，心理的・身体的虐待の可能性もある．

(C) 無関心型：子育ての関与や関心が浅い母親であり，放任型の虐待をする場合がここに含まれる．子どもの養育への無責任，家族経営全般への関与の浅さ，心理的な未熟さを特徴とする．子どもが成長していくとはどういうものか，日常生活の中で子どもに必要な世話が何なのかが具体的にわかっていない．
(D) アイデンティティ葛藤型：母親の側に子育てと同等あるいはそれ以上に魅力的な関心事があり，子育てに十分な時間と活力を割くことができていない

タイプ．仕事や社会的な関心など，子育て以上に価値を置く事柄があるため，個としてのアイデンティティと母親としてのアイデンティティとの間の葛藤が認められる．このタイプの母親は，子育てに多くの関心と時間を注げないことに対して，罪悪感や強いストレスを抱く場合が多い．

　これら4つのタイプを母親自身の心の健康性と関心の方向性という2つの軸から整理すると，図10-6のように位置づけることができる．(A)未熟型と(B)母子未分化型は，親の自我が十分に成熟しておらず，母親の活動の比重は子どもや家庭に向けられている．(C)無関心型は，母親の自我が十分に発達していない状態で関心が家庭外の社会へと向けられている．(D)アイデンティティ葛藤型は，母親の自我は十分に成熟しつつあるのだが，関心は家庭内よりも家庭外の社会へと向けられている．

　このように子育てがうまくいかない母親にはいくつかのタイプがあり，どのようなタイプであるかによってその理解と援助の仕方が異なってくる（岡本，2013a）．(A)未熟型と(C)無関心型の母親に対しては，母親自身の成長期からの経験・教育，心の中にあたたかで肯定的な「親イメージ」を確認し育てるための心

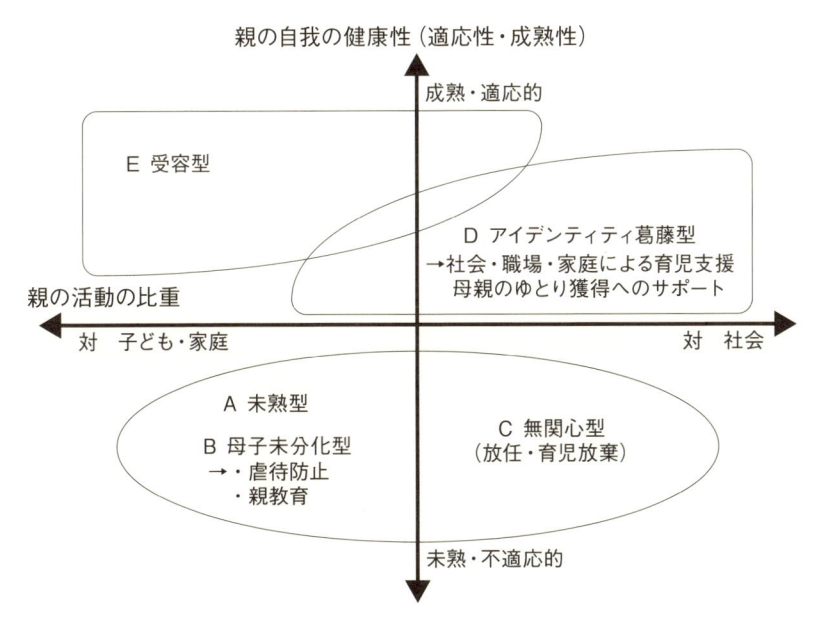

図10-6　自我の健康性から見た親のタイプ（岡本，2006より）

理臨床的援助や「親教育」が有効である．(B)母子未分化型や(D)アイデンティティ葛藤型の母親に対しては，それぞれがもつアイデンティティの葛藤の中身を理解し，育んでいくための理解と援助が必要となる．そのためには，夫や家族，職場，社会からのきめ細かなサポートが重要な課題となる．

4) パートナーとして

　子どもが生まれることで，家事の負担は大幅に増加する．もちろん，夫もそれを機に家事を分担しようと試みるのだが，多くの妻は「夫の育児参加が不十分」だと感じているようである．

　子どもが生まれることによる家事の増加にともない，母親となった妻の多くはそれまで以上に，夫に家事の分担を求めるようになる．しかし一般的に夫は，「仕事」と「自由」を重視し，子どもが生まれてからもそれらに高い優先順位を置き続けようとする．また，子どもが生まれることでそこに「経済的安定」という価値が追加される．男性にとって，この経済的安定以外の価値観は，子どもが生まれる前後であまり変わらない．その点で，女性が重視する価値観と男性が重視する価値観が，子どもが生まれた後ではますます解離する傾向にある．さらに，妻たちが望んでいるのはパートナーとしての夫であり，ヘルパーとしての役割ではない（ベルスキー＆ケリー，1995）．単なる家事の労働力としての役割ではなく，ともに困難に向かうパートナーとしての役割が夫に求められているのである．出産を機に，個々が重視する価値観を見直し，行動の優先順位を調整することで，夫婦関係の悪化を抑えることができると考えられる．

　柴山（2007）は，保育園児をもつ共働き夫婦が，子どもの送迎負担をどのように調整しているのかを調査・分析している．子どもの送迎の分担は，夫の家事・育児参加度の重要な指標の一つと考えることができる．また送迎は夫の分担率が低く，共働き家庭で約3割である．調査によると，送迎の分担様式は各家庭で大きく異なっているが，次の5つのタイプに分けることができた：「母専任型」（妻が子どもの送迎を全部・ほとんど担当），「父母分担型」（夫婦が送迎を分担），「父専任型」（夫が送迎の90％以上を担当），「祖母依存型」（妻方の母親が送迎を担当），「ベビーシッター利用型」（外部に依頼する）．そして，夫が子どもの送迎を負担することに対しては，個人的要因と職場要因がともに強く影響していることが示された．すなわち，普段から家事や育児を積極的に分担する傾向にある夫であることと，送迎時間に合わせて出退勤をしても仕事上の軋轢が少ない

状況であることである．妻も夫も同様であるが，家事や育児に積極的であるかどうかという個人的要因だけではなく，職場や同僚など周囲のサポートや状況が，家事・育児参加には大きく関与するのである．

4　成人期の課題

1）成人期前期の課題

　青年期から成人期へと進み，40歳ぐらいまでの時期を成人期前期と呼ぶことがある．表10-1は，この時期の発達課題をまとめたものである．表10-1に示されているように，この時期には就職と結婚が重要かつ主要な課題になるといえる．

　就職に関しては，単に職に就くというだけでなく，自分自身を社会の中のどこに位置づけていくのかを模索していくのがこの時期の特徴であるといえる．このようなプロセスは，「キャリア統合」という言葉に集約されるといえるだろう．

　また異性との関係に関しては，配偶者を得ることと家族を構成し，維持していくことが大きな課題となる．しかしながら先にも述べたように，近年は男性の生涯未婚率が2割，女性では1割となるなど，この成人期前期の期間で結婚をし

表10-1　成人前期の発達課題（下村，2013を改変）

	就職	結婚		その他
ハヴィガースト (Havighurst, 1953)	職業に就く．	配偶者を選ぶ．配偶者との生活を学ぶ．	家族を作る．家族を養う．家を管理する．	市民の生活を果たす．気心の合う集団を見つける．
スーパー (Super, 1957)	働く世界における自己の場所の確立．		家族・家庭の確立．	地域社会における役割の確立．
エリクソン (Erikson, 1959)		親密性—孤立感．		
ヴァイラント (Vaillant, 1977)	キャリア統合．			
レヴィンソン (Levinson, 1978)	職業に就く．夢をもち，その夢を生活構造の中に位置づける．	恋人を作り，結婚し，家庭を作る．		よき相談相手をもつ．

ない人々も増加している．

　この時期のその他の課題については，市民としての生活や役割を果たすこと，気心の合う所属集団を見つけること，そして良い相談相手を見つけることなどが挙げられている．社会の中で自分自身の居場所を見つけ，そこで近しい人との間柄だけでなく社会に対しても一定の役割を担っていくことが，この時期の課題になっているといえるだろう．

2) 成人期後期の課題

　40歳以降，成人期後期になってくると，身体的な変化が見られるようになってくる．たとえば女性の場合には，閉経にとまなうホルモンバランスの変化によって，頭痛，熱っぽさ，のぼせなどのさまざまな身体症状が現われることがあるが，これらの症状は一般的に更年期障害と呼ばれる（藤井，2013）．成人期後期になると，このようなホルモンバランスの変化だけでなく，その他にもさまざまな身体の変調や体力の衰えを実感する機会が増加する．このようなことから以前のように動くことができなくなったり，疲労感がなかなか抜けなくなったり，細かい文字が見えにくくなったりもする．これらの体験によって，「もはや自分は若くないのだ」という実感を抱くようになる（藤井，2013）．

　成人期後期の時期は，かつては論語に「不惑」（40歳．心の迷いがなくなること），「知命」（50歳．自分自身の使命を自覚すること）と書かれたように，人生の中でも安定した時期だとみなされてきた．しかし「中年期危機」という言葉もあるように，現在ではこの時期は職業や家族，心身の不安定要素も多く，人生の岐路に立つ時期だという理解がされるようになってきている．

　このような自分自身および周囲の状況は，成人期後期の人々に対し，自分の人生はこれでよかったのか，本当に自分のやりたいことは何なのかなど，自分の生き方そのものについて内省や問い直しを迫るようになる．それは，今まで自分自身が構築し維持してきたアイデンティティでは，もはや自分を支えきれないという自覚であり，アイデンティティそのものの危機ともいえるものである（岡本，2013b）．

　岡本（1985，1997，2002）は，成人期後期において中年期のアイデンティティ再体制化のプロセスと呼ばれる一連の過程を経験することを指摘した．成人期後期には，身体感覚の変化や衰えを自覚することで青年期に獲得したアイデンティティが再び問い直され，これまでの自分の半生を問い直したり，将来の見通

しを再度観直したりするようになる．そして，その見通しに応じて自分自身の価値観や他者との関係性を変化させ，アイデンティティを再度確立していくプロセスが見られる（表10-2）．

　成人期前期・後期ともに必ずしも平穏に過ぎるとは限らず，周囲に起きるさまざまな出来事を通じて自己を問い直し，人生に対して新たな意味づけを行っていく．現代社会に生きる私たちにとってこの問い直しは，終わることなく生涯にわたって続けられるものであるのかもしれない．

表 10-2　中年期のアイデンティティ再体制化のプロセス（岡本，1985 より）

段階	内容
Ⅰ	身体感覚の変化の認識にともなう危機期 ・体力の衰え，体調の変化への気づき ・バイタリティの衰えの認識 ↓
Ⅱ	自分の再吟味と再方向づけへの模索期 ・自分の半生への問い直し ・将来への再方向づけの試み ↓
Ⅲ	軌道修正・軌道転換期 ・将来へむけての生活，価値観などの修正 ・自分と対象との関係の変化 ↓
Ⅳ	アイデンティティ再確立期 ・自己安定感・肯定感の増大

［小塩真司］

＜用語解説＞
＊**合計特殊出生率**　一人の女性が一生の間に生む子どもの平均数のことであり，女性が出産可能な年齢を 15 歳から 49 歳までと仮定して算出する．
＊**性役割観**　男女の役割がどうあるべきか，という価値に対する個人の見方・見解のことをいう．

他者とのよりよい関係を築くための「キャリア」選択

　「キャリア」を選択する基準として，いかによりよく働けるかを想定する人は多いであろう．仕事内容，収入，職場の雰囲気，労働時間，自分を生かせる機会，雇用の安定性など，個人の欲求を満たすような基準をもとに働き方はしばしば選択される．特に成人期は，働く役割を担い始める時期でもあり，働く役割の中で自分の欲求をどのように満たすかが重要な課題とされてきた．

　ただし，個人は働く役割だけでなく，家庭や地域，社会においてさまざまな役割を担っている．多様化するライフスタイルもあいまって，それらのバランスをとるようなキャリア選択が求められている．たとえばハンセン（Hansen, 1997; 2001）は，人生における役割の統合性や全体性を強調し，統合的人生設計（Integrative Life Planning : ILP）という概念を提唱した．この概念の構成要素として，仕事（labor），学習（learning），余暇（leisure），愛（love）の4つの人生役割（4Ls）が想定され，後に市民性（citizenship）が付け加えられている（Hansen, 2001）．このILPからは，「キャリア」がさまざまな生活領域における役割との関連の中でとらえられるべきだといえる．成人期にもなれば，個人は多様な環境に属することになり，それぞれの環境で異なる役割を担う．個々の役割は切り離せるものではなく，こうした多重の役割に折り合いをつけることが，個人の適応感につながる（e.g., 土肥他，1990）．

　このような多重役割の観点から考えると，働く役割のみならず，働く役割以外の役割を全うすることもまた，個人の欲求を満たすことにつながると考えられる．したがって，働く役割の中で個人の欲求を満たすためではなく，多重役割の中で個人の欲求を満たすためのキャリア選択が重要だといえよう．特に成人期には，余暇や愛，市民性といった多様な他者との関わりを前提とする役割に埋め込まれる．このことを勘案すれば，多重役割の中で個人の欲求を満たすためには，趣味を分かち合う友人や家族，地域，社会の人々など多重役割を担う上で関わる他者とよりよい関係を築くことが求められる．

　　「……略……自分以外の人と一緒に見てきた自分の線路を，自分ひとりで見つめるようになって，やがてまた誰かと一緒に見つめる日が来る．そしてそのころには，その大切な誰かの線路を一緒に見つめてるんだよね」（朝井，2012）

　朝井リョウ氏の小説『何者』に出てくるこの一節には，青年期から成人期へのキャリア選択の発達的変化がよくあらわれている．成人期には，「その大切な誰かの線路を一緒に見つめて」いくために，「よりよく働くこと」を中心に据えたキャリア選択のみならず，「他者とよりよい関係を築く」ためのキャリア選択について同時に考えていくという発達的変化が求められるだろう．　　　［杉本英晴］

第11章

前期高齢期

　筆者が大学で師事した人物は元気旺盛で，毎日，自分の研究と後進の指導に飽きることなくあたっていた．夜中まで一緒に酒を飲んだあとでも，早朝4時に電話をすると（そうするように指示されるのだ），すでに仕事を始めていたりするのであった．そんな彼が70歳で定年退職するとき，**主観的年齢**（自分が何歳くらいに感じるかという指標）をたずねると，まだ40歳くらいだろうといったので，妙に納得したものである．本章では，老いの入り口である**前期高齢期***において，このような老化の主観的側面と客観的側面（身体の老化）がどのように関連し，個人にどのような意味をもたらすかを考えていこうと思う．

1　老化と老成自覚

　長谷川（1989）は，老化について「成熟のあとにひきつづいておこる生理的現象で個体の機能が次第に衰えてゆく状態」と定義している．年を取ると，白髪やしわなどの外見上の変化があらわれるだけでなく，近くのものが見えにくくなったり，高い声が聞き取りにくくなったりする．骨がもろくなったり（特に女性），物忘れが多くなったり（最近の出来事ほど思い出せない）することもある．これらの心やからだの機能低下は，程度の差こそあれ，年を取れば誰にでも起こる現象なので，**正常老化**と呼ばれている．他方，老化の程度が正常老化の範囲を逸脱した**病的老化**もある．これは，骨粗鬆症や認知症，動脈硬化などの**老年病**を発症した状態で，日常生活を困難にし，ときには生命を失う危険をともなう老化のことである．晩年のモネが描いたぼんやりした睡蓮の絵は，彼が白内障（水晶体の着色による視力低下）を患った影響もあったのではないかといわれている

図 11-1　モネによる風景画　白内障発症前（左）と発症後（右）（出典：日経ポケット・ギャラリー，1991『モネ』日本経済新聞社，p.27 および p.81）

（図 11-1）．

　こうした加齢による変化を通じて，人は老いていく自己との出会いを果たす．つまり高齢者としての自己形成を行うことになるのだが，その始まりが**老成自覚**（老いの自覚：age awareness）である．清水（2000）によると，老成自覚が出現するのは通常 60 歳以後で，ようするに前期高齢期のころである．もっとも，橘（1958）の調査では，50 代以下でも老成自覚のある人がおよそ 7%，反対に 80 歳以上でも自覚のない人がおよそ 25% いたことを見ると，老いを自覚する年齢には個人差があるようだ．

　筆者らの研究グループは，40 代から 70 代の中高年者を対象として，老成自覚が生じた時期やきっかけに関する調査を行ったことがある（Tsuboi et al., 2000）．その結果，60 歳以上の対象者のおよそ 7 割に老いの自覚があった．ただし，60 歳未満でも，およそ 6 割に老いの自覚があったことから，やはり成人後期といわれる時期から，すでになんらかの老いの兆候に気づく人がいるようである．他方，視力のような感覚機能の衰えに加えて，睡眠，食事といった生活習慣の変化や，子どもとのトラブル，家族の病気といった生活環境の要因も老成自覚をうながすことがわかった（表 11-1）．生活上の要因は，身体的要因と比べて体験する人としない人に分かれやすいから，老成自覚の時期は，これらをどのようなタイミングで経験するかが関係しているのかもしれない．また，身体機能の変化である性生活の困難も，老成自覚に有意な影響力をもっていた．谷崎純一郎の小説『鍵』の主人公である初老の大学教授は，妻が若い男性に近づくよう仕向けることでみずからの嫉妬心をあおり，性欲の衰えに抗おうとするのだが，これ

表 11-1　老成自覚の促進要因

生態学的要因	生活習慣の変化
高齢（1.78）	睡眠習慣の変化（1.95）
女性（1.47）	食習慣の変化（1.86）
身体機能の変化	生活環境の要因
視力の衰え（1.41）	子どもとのトラブル（3.57）
性生活の困難（2.79）	低生活満足度（1.37）
	（再）就職（2.59）
	家族の病気（1.65）

カッコ内はオッズ比（Tsuboi et al., 2000 に基づき作成）

は老成自覚が人を「狂気ニ導イテキル」特異なケースといえるだろう．

2　高齢者としてのアイデンティティ

　老成自覚は個人にどのような意味をもたらすのだろうか．モンペール（Montepare, 1996）によると，老いの自覚とは，年齢が自分の精神力や体調，社会活動に強い影響を与えているという意識や，「自分について考えるときに年齢のことが真っ先に思い浮かぶ」状態のことである．彼女が行った調査では，高齢者の主観的年齢は実年齢よりも低くなる傾向があった（反対に若年者の主観的年齢は実年齢より高くなる傾向があった）．モンペールは，このような高齢者による主観的年齢の「下方修正」の背景には，若さへの渇望があるのだろうと述べている．先に示した橘（1958）の調査でも，80 代の人では 70 代で老成自覚が生じたと回答した人が最も多かったのに対し，90 代以上の人では 80 代で生じたと回答した人が最も多かったという．かように人は年を取りたがらない生き物なのである．

　しかしながら一方で，ボーヴォワール（de Beauvoir, 1970/1972）が指摘するとおり，「老化に由来する衰退は，とりかえしがつかず，一年ごとにそれがひどくなることをわれわれは知っている」のも確かなようだ．というのも，モンペールの研究では，調査日が自分の誕生日に近かった高齢者は，そうでない高齢者よりも主観的年齢が高い傾向があったからである．つまり，普段は気が若い高齢者も，実際は，誕生日がくるたびに老いの現実に直面しているわけだ．さまざまな属性を自分自身に固有のものすなわちアイデンティティとして受け入れること

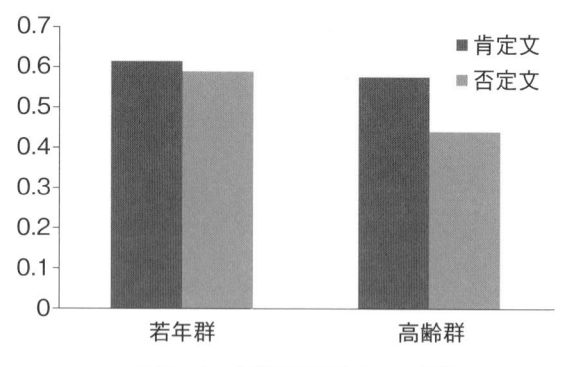

図 11-2　年齢別記憶テストの成績
（Hess et al, 2003 をもとに作成）

は，心身の健康や生活環境への適応を保つ上で重要なことである．しかしながら，**高齢者としてのアイデンティティ**（old age identity）は，老いが本質的に不可逆的な衰退現象（Lata & Alia, 2007）であるがゆえ，ときに受け入れがたいものとなるのである．

このことを調べるために，ヘスら（Hess et al., 2003）が行った実験を見てみよう．彼らはまず，若年群（平均年齢 19.3 歳）と高齢群（平均年齢 70.8 歳）それぞれに，「ある研究報告」に関する新聞記事を読ませた．記事には否定的な内容のものと肯定的な内容のものがあり，否定的な記事には，「高齢者の記憶力は若者よりも低いことがわかった．このため，高齢者は記憶の補助装置を用いたり，家族や友人に頼ったりする必要がある」と書いてあった．これに対して肯定的な記事には，「加齢による記憶力の低下は，従来いわれているほど必然的ではなく，環境や個人の努力次第である程度は防げることがわかった」と書いてあった（いずれも架空の記事である）．これらの記事のいずれかを読ませたうえで，実験の参加者に記憶テストを施したところ，否定的な内容の記事を読んだ高齢者はテストの成績が低かったが，肯定的な内容の記事を読んだ高齢者は若者と同程度の成績を示したのである（図 11-2）．

ヘスらの実験結果は 2 つのことを示唆している．一つは，年を取るからといって必ずしも記憶力が低下するわけではないことであり，これは，肯定的な記事を読んだ高齢者が若者と同等の成績を示したことから理解できるだろう．そしてもう一つは，否定的な記事を読んだ高齢者の結果が示すように，高齢者の記憶力が弱いという固定観念に縛られると，本来もっている能力が十分発揮できなくなる

ことである．このように，自分が所属する集団に関する否定的で紋切型の情報を受け入れなければならない状況（**ステレオタイプ脅威**）では，自己意識や個人のパフォーマンスが低下することが知られている．ヘスらの実験では，老化によって記憶力が下がるという情報が，高齢者にとっては脅威となり，本来の能力よりも低いパフォーマンスを示すことにつながったと思われる．他方，同じ否定的な記事を読んだ若者群にはパフォーマンスの低下が認められなかったことは，記憶力の低下という現象が若者のアイデンティティと無関係だからであろう．つまり，ヘスらの研究は，「老化に関する否定的な記事」を読んでパフォーマンスが低下した者こそが，自身を高齢者とみなしていることを暗に示しているのである．

3 老成自覚とエイジズム

　ロソー（Rosow, 1974）は，人は自然に老年期に移行するのではなく，他者による高齢者向けの態度や扱いが，彼（や彼女）を半ば強制的に「社会的な老人」に移行させるのだと述べている．このような**構築主義***に基づく考え方に従えば，定年退職や子育ての終了といった前期高齢期に典型的な**役割喪失**は，この時期にある人々に社会的地位や権威の低下を思い知らせる文化的制度ということになる．たとえば，先に述べたように，一般に高齢者は自分が若いという意識をもちやすい．これに対して私たちの社会は，「老い」に対する偏見として，①時間軸に支配されている，②衰弱している，③生産性が低い，④安楽のみを求める，⑤変化を好まない，といった否定的な神話（Butler & Lewis, 1982）を暗黙の裡に承認している．ロソーによれば，このような「老人たちの自己イメージ」と「他の人々が老人についてもっている概念」との間の不一致は，必然的に緊張をもたらす．この緊張は，新たな自己役割を確立することで解消されるが，それが困難な個人にとっては，**心理的ストレス**の源となるだろう（高橋，2007）．

　このような高齢者と他者（社会）との出会いは，しばしば**エイジズム**（年齢差別）として問題化されてきた．しかし，この「問題」の解決はそう容易ではない．読者の中には，電車で席を譲ろうとした若者と，それを断るお年寄りとの間に，遠慮以上の気まずい雰囲気が漂う場面に出くわしたことがある方もいるだろう．この種の不幸は，エイジズムにおいて，高齢者に対する否定的な固定観念がしばしば肯定的な固定観念の裏返しである（Palmore, 1999）ことに起因してい

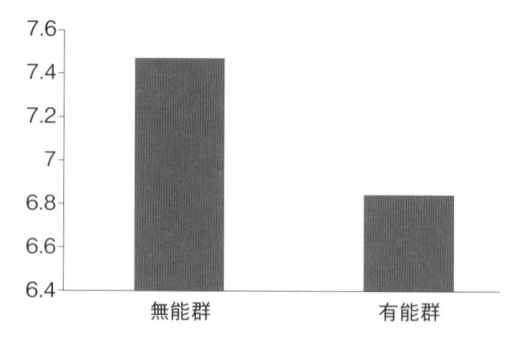

```
7.6
7.4
7.2
7
6.8
6.6
6.4
      無能群              有能群
```

図11-3　ジョージの温和さに関する評定値（Cuddy et al., 2005 をもとに作成）

るかもしれない．たとえばカディら（Cuddy et al., 2005）は，日本を含む6か国での調査から，高齢者に対する共通のステレオタイプとして「温和だが無能（warm and incompetent）」というイメージが見いだされたと述べている．そして，このことを確かめるために，彼らは以下の実験を行った．被験者（大学生）は，まず71歳のジョージという元配管工に関する以下のような架空の物語を提示された．すなわち「ジョージは，はじめは引退した自分の立場になじめなかったが，今では週に一度のゴルフや近所に住む孫の世話で忙しく暮らしている．いつも早起きして妻と一緒に長めの散歩を楽しんでいる」．そして，この基本的情報に加えて，「無能群」の被験者は，ジョージが鍵をどこかに置き忘れてしまったとき妻に助けを求めたというエピソードを，「有能群」の被験者は，置き忘れた場所を自力で思い出すことができたというエピソードをそれぞれ示された．そのうえで，各被験者が，ジョージの温和さの程度を評定したところ，無能群の評定値が有能群より高かったのである（図11-3）．老いや高齢者に対して私たちが抱いている，怖れと敬意の入り混じった感情をよく示した知見といえるだろう．

4　老年期の自尊感情

老成自覚はしばしばエイジズムと結びついて高齢者の**自尊感情**（自分を前向きで有能な成功者とみなす傾向）を低下させることが指摘されてきた（Ward, 1977）．たしかにオースら（Orth et al., 2010）が行った調査の結果（図11-4）をみると，自尊感情は老年期に入る直前に最も高くなり，その後は次第に低下し

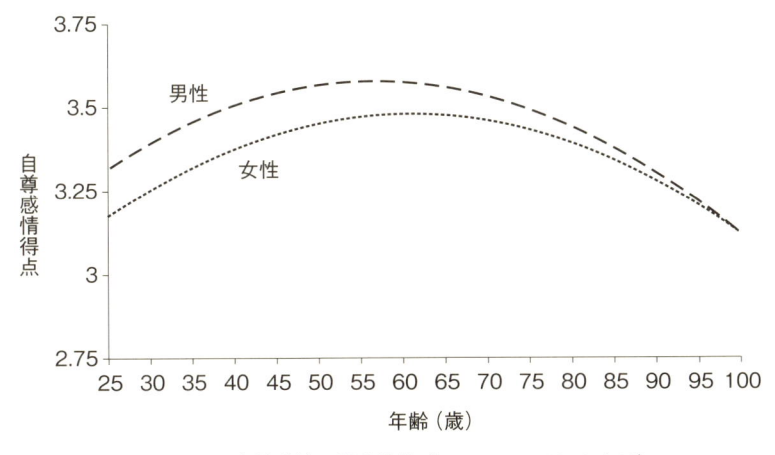

図 11-4　自尊感情の発達曲線（Orth et al., 2010 より）

ていくようである（青年期以前の自尊感情の発達に関しては本書第 8 章を参照のこと）．エリクソン（Erikson, 1959）の名高い理論が示すとおり，成人期は仕事や家庭での成功（キャリア形成や出産など）が最重要の発達課題となる．これらは，生存や繁殖というヒトの生物としての成功と直接結びついた課題であるから，成人期に自尊感情がピークにいたることは，これらの課題を達成する上での心理的な適応であるといえるかもしれない．というのも，高い自尊感情は，個人の強さや魅力の表象であり，ライバルとの競争や異性の獲得，すなわち生存や繁殖を有利にする機能をもっていると考えられるからである（Stevens & Price, 1996）．したがって，定年退職や子どもの自立を迎え，これら成人期の課題への取り組みが終了する老年期に自尊感情の低下が生じることは，エイジズムのみに起因するのではなく，生物学的な根拠のある現象といえるだろう．たとえば，デイリーとウィルソン（Daily & Wilson, 1988）は，殺人事件の多くが，侮辱された，など自尊感情（名誉）の毀損に端を発すること，また，殺人を行う危険率は，成人期が最大で，この率は加齢に従って減じていくことを明らかにしている（図 11-5）．彼らによれば，このような成人期における攻撃性の発露は，ヒト（特に男性すなわちオス）が，社会的地位と繁殖成功度が緊密に結びついた生き物であることによる．そうであれば，繁殖をめぐる競争が少なくなる老年期に自尊感情が衰退していく（あるいは性差が消失していく）のも，ヒトが加齢にともなって繁殖よりも生存を優先するようになっていく過程の一部と理解できるだろう．

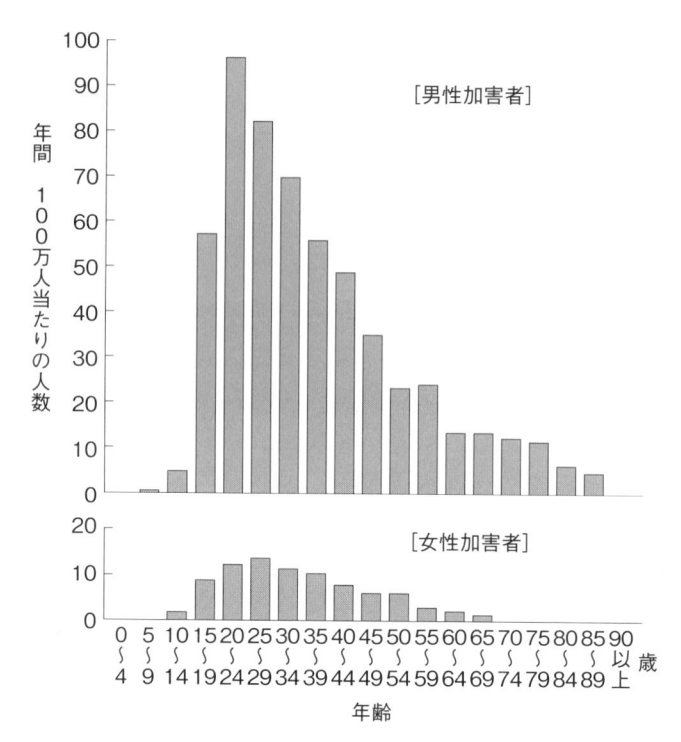

図 11-5 カナダ (1974 から 1983 年) の殺人加害者の性, 年齢別分布 (Daily & Wilson, 1988)

5 老成自覚と健康

　個人にとって老いが受け入れがたい現象であるならば, 老成自覚もない方がよいのだろうか. 正高 (2000) によるア**フォーダンス***に関する知覚実験は, 話がそう単純ではないことを示している. この実験では, 走り高跳びに使うような高さが調節可能なバーを, 数メートル前から被験者に見せ, 「バーを通過して向こう側へ行くとしたら, バーをま・た・ぎ・ますか, それともく・ぐ・り・ますか」とたずねている. 被験者は, バーが低いと判断すれば「またぐ」を選ぶだろうし, 高いと判断すれば「くぐる」を選ぶはずである. そこで, バーの高さをさまざまに調節して判断を繰り返すと, バーの高さのどこかの地点で「くぐる」の判断が「またぐ」に変わる「見ただけの臨界値」が決まる. 正高は, こうして決まった「見ただけの臨界値」と, 被験者が本当にバーをまたぐパフォーマンスを行って, 支障

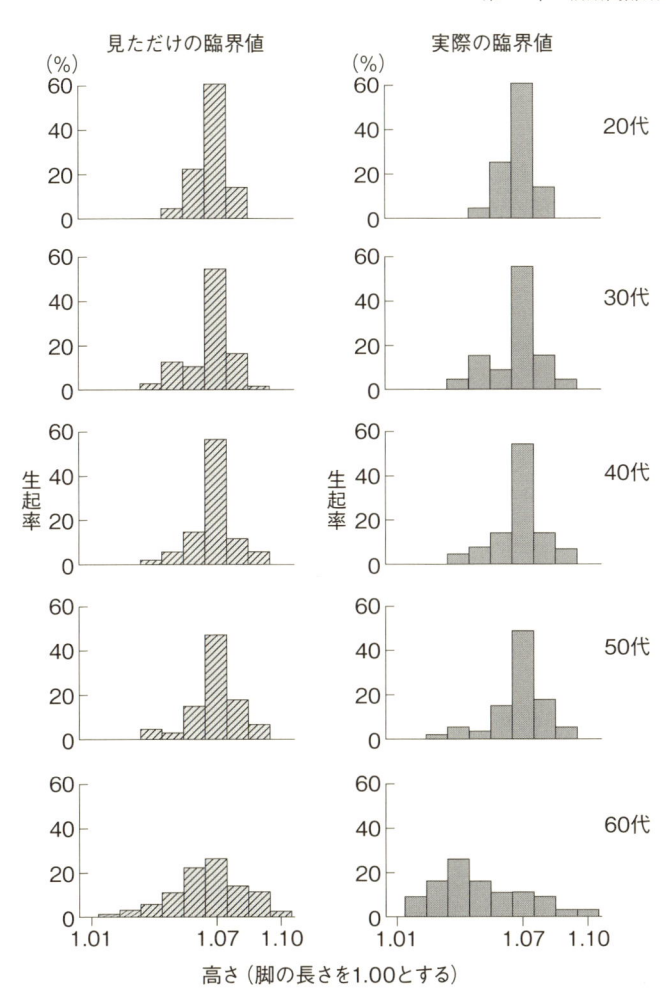

図 11-6 「見ただけの臨界値」と「実際の臨界値」の年齢別比較
（正高，2000；p.15 より）

なく上を越せる高さである「実際の臨界値」との関連を調べた．図 11-6 は，実験結果を被験者の年代別に示したものである．「見ただけの臨界値」の分布と「実際の臨界値」の分布が一致しているほど，「くぐる」と「またぐ」の判断どおりに実際のパフォーマンスが可能であったことになるが，60 代の結果は，「見ただけの臨界値」が「実際の臨界値」を上回る形で分布にずれが生じている．つまり，この実験結果は，「見ただけでまたげる」と判断した高さのバーを「実際に

は」またげない前期高齢者が多かったことを示しているのである．

このようなアフォーダンス知覚のずれはどういう結果をもたらすだろうか．一人の高齢者が段差のある道を歩いていたとしよう．彼は「見ただけ」で段差をまたげる，と思うかもしれない．ところが「実際」はまたぐことができないのである．そこで彼は段差につまずくことになるのだが，彼の筋力やバランス能力が老化のために低下していれば，傾いた体を支えることはむずかしい．さらには，骨密度も低下しているので，転倒してぶつけた箇所を容易に骨折することになるのである．アリストテレスの『国家』や『弁論術』を読むと，彼も，彼の師であるプラトンも，身体的能力の発達と精神的能力の発達にはずれがあり，後者のピークは前者よりも遅いと考えていたことがわかる．おそらく，私たちの大多数もそう感じているのではないだろうか．転倒や骨折は，脳卒中や認知症と並んで，高齢者が寝たきりになる主たる原因とされているが（厚生労働省，2011），その理由は案外，このような自身の若さに対する思い込みによるのかもしれない．そう考えれば，老成自覚も自己の老化に適応した心の機能といえるだろう．

［福川康之］

＜用語解説＞

＊**前期高齢期**　各種法令や学術研究においては，老年期を前期高齢期（65〜74歳），後期高齢期（75〜84歳），超高齢期（85歳以上）に区分することが多い．

＊**構築主義**（constructionism）　事物や現象の意味は，それが本来もっている性質に帰属するのではなく，歴史的・社会的文脈の中で偶発的に生成されるという考え方．

＊**アフォーダンス**（affordance）　人や動物の知覚や行為をうながすものとして環境が内包している意味や価値のこと．アメリカの心理学者ギブソン（Gibson, J. J.）による造語．

高齢者の閉じこもりと人間関係

　高齢者の閉じこもりとは，寝たきりなどではないにもかかわらず，家からほとんど外出せずに過ごしている状態をさし，外出頻度が週1回未満を基準とする（安村，2006）．閉じこもり高齢者は歩行や食事，入浴などの衣・食・住において他者の助けを借りることがなく自立しているが，身体的にはやや機能が低下している傾向にあり，閉じこもり状態が続くと要支援・要介護状態になりやすいことがわかっている．そのため，国の事業としても閉じこもり解消のための取り組みが各地でなされている．

　家から外に出ることが少ない閉じこもり高齢者の人間関係とは，どのようなものであろうか．これまでの研究からは，友人や近隣，親族との交流が少なく，親しい友人がいないことなどがわかっている．つまり，外出先で人と交流することが少ないだけでなく，自宅に誰かが訪ねてきて交流を維持しているものでもない．これらを踏まえ筆者らは，閉じこもり高齢者の人間関係の中でも，同居している家族との交流や，少ないながらも交流を維持している他者との物理的距離に焦点を当てた検討を行った（山崎他，2008）．年齢や性別に加え，身体機能が同じ程度の閉じこもり高齢者と非閉じこもり高齢者をマッチングし比較したところ，閉じこもり高齢者は自宅にいる時間が長いにもかかわらず，非閉じこもり高齢者よりも同居している家族との会話頻度が少ない傾向にあり，家庭内で担っている役割（たとえば，家事や庭掃除など）の数が少なかった．会って話したり，電話でやり取りする友人や知人については，非閉じこもりと比して，閉じこもり高齢者の自宅から30分以上の距離に居住している人の数が少なかった．つまり，同居家族との間においても交流が少なくなっており，さらに友人・知人との交流範囲は，その物理的距離が自宅周辺にとどまるなど，人間関係そのものが狭小化している状態にあるといえる．

　人間関係が狭小化してくるから閉じこもりになるのか，あるいは閉じこもりだから人間関係が狭小化しているのかといった因果関係まではわかっていないが，閉じこもり高齢者は，約半数がうつ傾向（山崎他，2010）にあるなど，心理的側面からも支援が求められる状態であり，彼らを取り巻く人間関係は，閉じこもり解消に向けた一つの鍵となるといえるだろう．

　　　　　　　　　　　　　　　　　　　　　　　　　　　　　　［山崎幸子］

第12章
後期高齢期

2012年の新語・流行語大賞のトップテンに「終活」が選出された．「終わりのための活動」を略した言葉で，人生の終わり（死）を迎えるにあたって，葬儀や墓，遺言や相続などを準備する過程のことである．学生のための就活本のように，「エンディングノート」などの終活本も書店で購入できるようになっている．**後期高齢期**（75～84歳）は，まさに「死」のテーマが切実になる時期であるが，昨今の終活ブームには，日本社会の高齢化という現実と市場のニーズも反映しているように思う．本章ではそのあたりの事情にも配慮しながら，後期高齢期における自己・他者との出会いや意味を考えてみよう．

1　すすむ社会の高齢化

現在のわが国の総人口に占める65歳以上人口の割合は25.0％で，ちょうど4人に1人が高齢者となった（総務省統計局，2013）．この値（**高齢化率**）は，現在の大学生の親が高齢世代になる2035年には33.4％（3人に1人）に上昇し，さらに，この大学生が高齢世代になる2060年には39.9％（5人に2人）にいたると目されている（内閣府，2013）．こうした人口構成の変化は，今後の高齢者にとって，自己すなわち高齢者同士が出会う機会が多くなり，他者すなわち子どもや壮年者と出会う機会は減少していくことを意味している．

このことが人の老年期のライフスタイルや心理的傾向にどのような影響をもたらすかは，実のところよくわかっていない．というのも，これほどの**超高齢社会***は，人類史上，おそらく存在したことがなかったからである．もちろん，いつの時代にも高齢者はいた．たとえば，紀元一世紀のローマ帝国の人口の6～

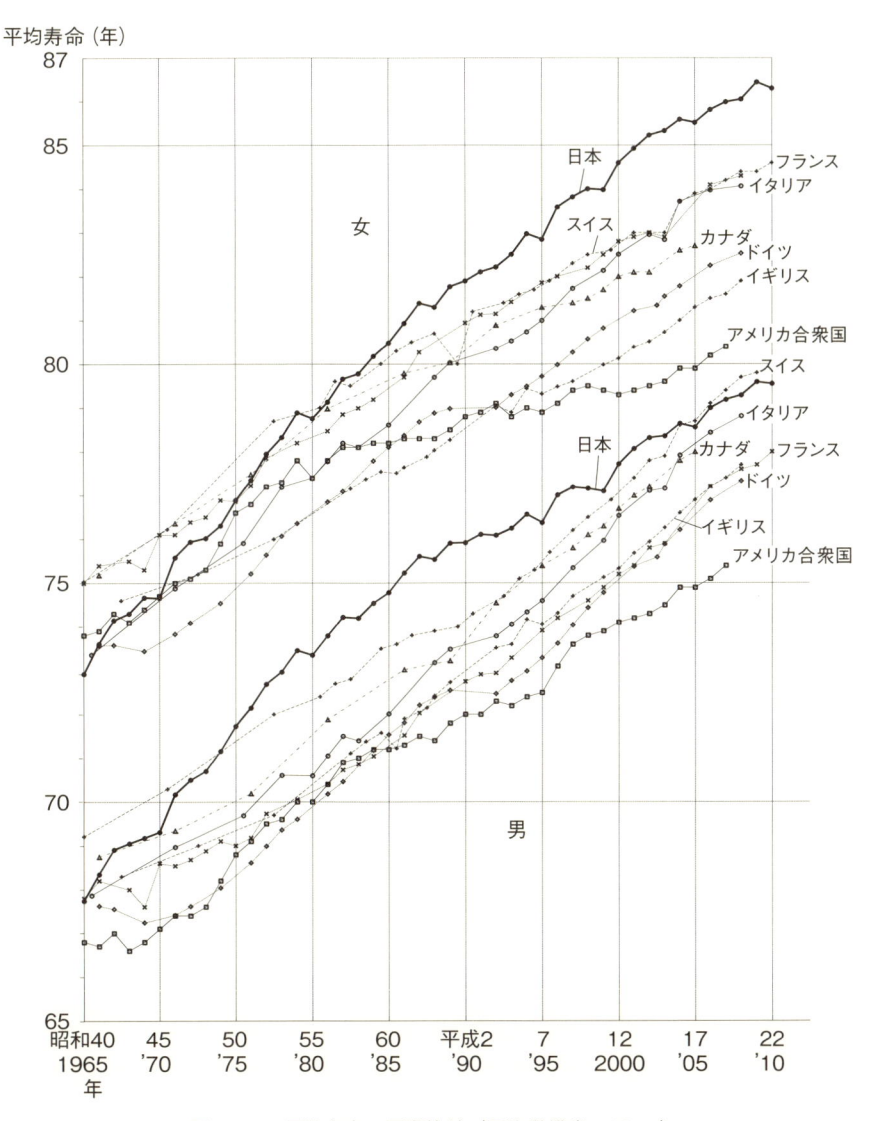

図 12-1　平均寿命の国際比較（厚生労働省，2011）

8％は60歳以上であったとされているし（Parkin, 2003），社会の高齢化（と少子化）こそが，この帝国が衰退した一因であるとの説もある．しかしながら，生活水準や活動能力などの点において，これほど多様な高齢者がいる社会が出現したのは，つい最近のことなのである（Thane, 2005）．その意味で，現在，世界

の最長寿国である日本は，高齢社会のあるべき姿を国際的に示していく役割が求められているといえるかもしれない．

もっとも，人口の高齢化という点では，西欧先進諸国の方がわが国に先駆けており，たとえばフランスやノルウェーなどでは，19世紀のうちに高齢社会の基準（高齢化率7％）に達していた（国立社会保障・人口問題研究所，2013）．これより遅れて始まった日本の人口高齢化は，しかし急激に進行し，平均寿命の長さにおいても，またたくまに世界のトップに躍り出たのである（図12-1）．こうした寿命の延長にわが国の高い医療や安全の水準が大きな役割を果たしたことは疑いなく，また，誇るべきことであろう．しかしながら一方で，あまりにも早い高齢化のペースが，それにふさわしい社会システムの構築に追いつかないという事態を生じさせている．たとえば，高度経済成長期に都市部に大量の若い労働力を提供してきた地方では，近年，**限界集落**と呼ばれる，人口の半数以上が高齢者で，コミュニティの維持が困難な自治体があらわれ始めている（大野，2005）．このような，発展と豊かさの副産物ともいえる「高齢者問題」の典型例として，以下では孤独死を取りあげる．

2　孤独になる

過去の新聞を調べると（朝日新聞，1970），東京の独身青年が自宅アパート内の布団の中で死亡しているのを会社の同僚が発見したという記事が，**孤独死***に関する最も古い記録のようである．同じアパートの住人とのつきあいがなかったため，一週間分の新聞が郵便受けに溜まっていても誰も気に留めなかったのだという．たしかに，都会では社会関係が希薄化し，人々の孤立が生じやすいことは，かねて指摘されてきた（Wirth, 1938）．ところがもはや，こうした**アーバニズム***の観点のみから孤独死を語ることはできそうにない．というのも，一人暮らし高齢者が急増している現代日本においては，近隣とのつきあいや会話頻度が少ないことよりも，介護や医療サービスなどのインフラ整備が不十分なことの方が，むしろ孤独死不安が高くなる可能性があるからだ（高橋，2012）．実際，東京23区における1年間の孤独死者の中で，65歳以上の一人暮らし高齢者はおよそ6割を占めていたという（東京都監察医務院，2013）．

ソーヴィ（Sauvy, 1966）は，高齢者の扶養に関する歴史的段階が，通常，家族内で補償する段階（家族的範囲），個人が貯蓄を切り崩して使う段階（資本主

義的段階)、社会が高齢者に十分な収入を保証する段階(社会主義的段階)の順に進展すると述べている。しかしながら、「家制度」や「敬老精神」に基づいて**老親扶養意識**を形成してきたわが国では、現在でも子が老親を扶養する義務があること(民法)や、扶養義務者による扶養は法に基づいた保護費の支給より優先されるべきであること(生活保護法)が規定されている。これらは他の先進諸国ではあまり見られないユニークな特徴であるが、つまるところ、現在のわが国における高齢者扶養のシステムが、**家族主義**に支えられながら機能していることを示唆しているのである。ところが、老後の生活費に関する近年の調査では、自分自身でまかないたいと回答した高齢者が47.8%、社会保障などの公的な援助に頼りたいと回答した高齢者が42.9%で、家族が面倒を見るべきであると回答した高齢者は7.2%にすぎない(内閣府、2011)。また、中西(2011)の調べによると、老親と同居して金銭や介護の面倒をみるべきだという規範意識(老親扶養意識)をもつ個人が少ない地域では、後期高齢者との別居率が高いことも明らかとなっている。現在でも毎年、全国で1.5万件前後の孤独死が発生していると推測されるが(福川・川口、2011)、こうした国民の意識の変化に対応せずに、現行の高齢者扶養ステムの運用を続ければ、今後ますますこの値は高くなるかもしれない。

　孤独死を防ぐ有効な手立てはないのだろうか。筆者は、住民の高齢化率が40%を超える都市部の団地で調査を行い、最近顔を見ない、電話に出ない、など、孤独死が疑われて自治会に通報があった事例の記録を分析したことがある(Fukukawa, 2011)。通報者を、別居の家族、隣人(近所の友人や知人)、その他の公人(民生委員・公園職員・新聞配達員など)に分けて、事例の顛末との関連を見たところ、通報者が家族の場合は、すでに手遅れの(すなわち孤独死していた)ケースが大半だったのに対して、通報者が隣人の場合は、孤独死する前に自室で倒れているところを発見されて救助にいたるケースが多いことがわかった(表12-1)。他方、公人による通報は、たまたま入院中であったり旅行に出かけていたりで不在だったが、そうした情報の不足で通報にいたったケースが多かった。こうしてみると、孤独死への早期対応や判断の確実性の観点からは、隣人関係の強化が最も効果的な手段といえるかもしれない。「遠くの親戚より近くの他人」の原則は、孤独死予防にもあてはまるのである。

表 12-1 孤独死に関する通報とその顛末（Fukukawa, 2011）

通報者	孤独死	発見・救助	誤報
家族	7（87.5）	0（0.0）	1（12.5）
隣人	15（48.4）	12（38.7）	4（12.9）
公人	13（50.0）	4（15.4）	9（34.6）

数字は人数と割合（%）

3　大切な人と別れる

　死別は，さまざまな**心理社会的ストレス**の中で，もっともインパクトのある体験の一つである（Holmes & Rahe, 1967）．死別を体験すると，多くの場合，**悲嘆反応**と呼ばれる，感情面（抑うつや不安など），認知面（記憶力の低下や無力感など），行動面（引きこもりなど），生理・身体面（食欲不振や睡眠障害など），と多岐に渡る症状があらわれる．ギャラガー（Gallagher, 1986）によれば，こうした「悲嘆の時期」は通常数週間で終わるが，その後も死者に対する「思慕と抗議」の時期や「アイデンティティの再構築」の時期が続き，結局，死別に完全に適応するには，2 年程度の時間が必要であるという．それほど死別は重大な人生上の出来事（**ライフイベント**）なのである．

　老年学の分野では，これまで，特に配偶者との死別体験に関する研究が多くなされてきた．最新（平成 22 年）の国勢調査によれば，後期高齢期の男性の約 20%，女性にいたっては約 60% が配偶者との死別（離別を含む）を体験している（総務省統計局，2011）．また，スウェーデンの後期高齢者およそ 66 万人を対象とした近年の調査では，過去 1 年間に配偶者との死別を経験した場合，向精神薬の服用率が通常の 1.5 倍，死亡率が 1.2 倍程度まで上昇することが明らかになっている（Möller et al., 2011）．ただし，配偶者との死別は，後期高齢者よりも前期高齢者への悪影響が強いとされる（Mendes de Leon et al., 1994）．これは，早い時期の死別ほど，予想外の出来事だからであろう．しかしもちろん後期高齢者に死別の影響がないわけではない．親しい家族や友人の死は，自身の繁殖成功度を低めたり，危機的状況での生存確率を高めてくれるサポートが得られなくなったりすることを意味するから，この体験は，多かれ少なかれ個人に適応上の問題を生じさせる．このため，不適応が著しい場合は，精神科医やカウンセラーなどの専門家が，死別の受容過程を促進し，死別後の負担や困難を軽減するための支援（**悲嘆ケア**）を行う必要がある（坂口，2012）．

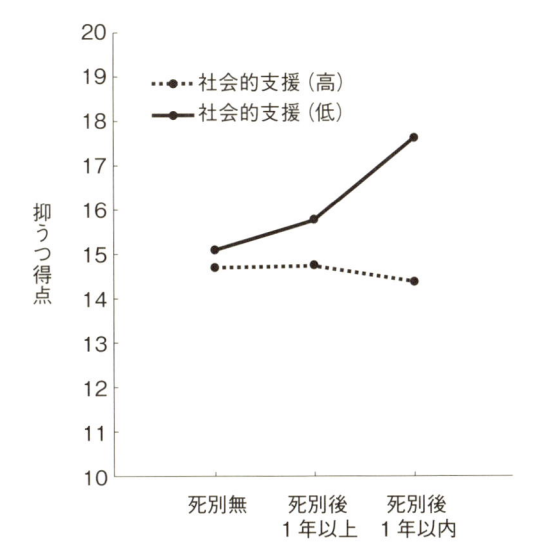

図12-2 死別体験と社会的支援の精神的健康に対する影響（岡林他，1997）

　専門家以外の他者による支援が死別への適応を促進することもある．例えば岡林ら（1997）は，60歳以上の高齢者を対象とした追跡研究において，配偶者との死別が抑うつに及ぼす影響を，社会的支援（ソーシャル・サポート）がどのように緩衝するかを検討している．これによると，死別体験者は，非体験者と比べて確かに強い抑うつ症状が認められたが，同じ体験者でも，家族など周囲の人間が悩み事や心配事を聞いてくれたり，いたわりや思いやりを示してくれたりする場合にはそのような症状が認められなかった（図12-2）．このように，老年期における他者との別れの傷を癒すのも，また他者なのである．

4　人間関係を作り直す

　後期高齢期には，配偶者のみならず，きょうだい，友人などとも死別する機会が増えるため，**社会的孤立**に陥る場合がある（澤岡，2013）．また，このころから，電話をかける，風呂に入る，電車で出かける，など，前期高齢期には維持されていた**日常生活動作**の遂行能力が徐々に低下していく（秋山，2010）．老化にともなうこうした変化は，高齢者の社会性や活動意欲を弱め，後期高齢期の人間

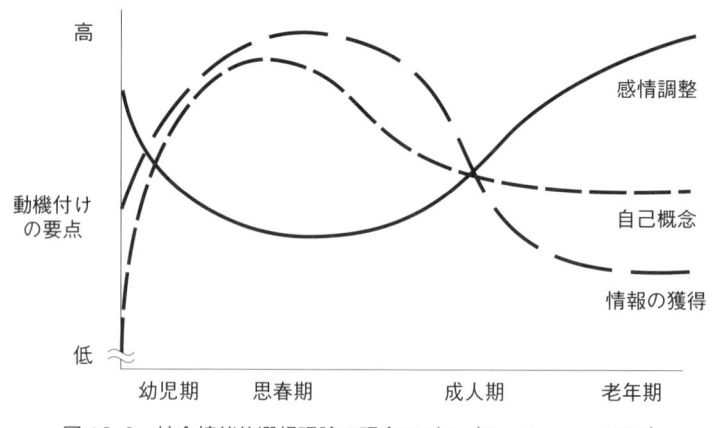

図12-3 社会情緒的選択理論の理念モデル（Carstensen, 1995）

関係を縮小させる可能性がある（古谷野，1996）．実際，内閣府（2013）の調査によると，日ごろから親しい近所づきあいをしている高齢者は5割程度（51.0%）で，残りはあいさつ程度（43.9%）もしくは，つきあいがほとんどない（5.1%）ようである．対人関係は，ストレスの悪影響を防ぐソーシャル・サポートや所属感を与えてくれるから（Cohen & Wills, 1985；Rook & Pietromonaco, 1987），これを失うことは高齢者の健康や適応に不利に働くと思われるかもしれない．しかしながら，カーステンセン（Carstensen, 1991）は，老年期における人間関係の縮小は，上で述べた死別や老化の結果として生じる副産物ではなく，高齢者自身が意図して行った選択的削減の結果であり，これによる不適応が生じることはないと考えている（**社会情緒的選択理論**：socioemotional selectivity theory）．この理論では，人間関係が，①情報の獲得，②自己概念（アイデンティティ）の発達と維持，③感情調整（ポジティブな感情を最大化し，ネガティブな感情を最小化する），の3つの動機に基づいて構築されると仮定している．そして，発達過程における成長や競争の時期には，①や②が重要となるが，この時期を過ぎた老年期には，③を目的とした親密な他者との交流が主たる関係維持の目的になるという（図12-3）．このためカーステンセンによれば，従来指摘されてきた老年期における社会関係の縮小は，自分にネガティブな感情をもたらす他者との交流を排除するだけであって，ポジティブな感情をもたらす家族や友人との関係は，後期高齢期においても変化しないか向上していくと考えられるのである．実際，彼女が行ったいくつかの研究では，前期高齢期から超高齢期にいたる**社会的ネッ**

トワークの規模（成員数）の変化が，「とても親しい人」よりも「あまり親しくない人」の数の減少に由来すること，あるいは，高齢者は若年者と比べて，見知らぬ人と知り合いになる（情報の獲得）ことよりも旧知の人との交流を深めること（情緒的調整）に関心をもつこと，など，この理論を支持する結果が報告されている（Carstensen, 1995；Lang & Carstensen, 1994）．筆者も，中高年者を対象とした社会的ネットワークに関する調査において，「困ったときに支えてくれる人（肯定的ネットワーク員）」と「不快な思いをさせられることがある人（否定的ネットワーク員）」それぞれの人数を挙げてもらったところ，後者よりも前者の年齢差が大きく，高齢者ほど否定的ネットワーク員の数が少ないことが示された（福川ら，2002）．

　かつて老年期は，子どもなどの親しい家族から疎外された孤独な人生の晩年とみなされがちであった．シャナス（Shanas, 1979）は，この根強い偏見を，ギリシャ神話に登場する不死身の怪物ヒドラに例えたほどである．しかしながら，こうしてみると，老年期の人間関係も，自身の発達段階と適応のニーズに従ってデザインされているようである．

5　老いた自分に寄り添う

　こころやからだの機能が低下していく過程で老いた自分と出会うとき，私たちはどのように応じればよいのだろうか．バルテス（Baltes, 1997）がそのヒントを与えてくれるかもしれない．彼は，個人の発達を，さまざまな能力の質や量が一斉に向上していくのではなく，ある能力の獲得と他の能力の喪失が関連しあうダイナミックな過程であると考えた（図12-4左）．そして，老年期には，他の年代のように新しい能力を獲得することよりも，これまで獲得してきた能力の維持や喪失への対処に力を注ぐ（バルテスの用語ではリソースを割りあてる）ことで，適応が図られるという（図12-4右）．**補償をともなう選択的最適化**（SOC：Selective Optimization with Compensation）と呼ばれる．このような老いへの適応例として彼が好んで引用するのがルービンシュタインの逸話である．ポーランド生まれのこのピアニストは80歳のとき，テレビのインタビューで，どうしてその年齢でも高レベルの演奏ができるのかとたずねられた．すると彼は，まず演奏レパートリーを減らすこと（選択），次にそれらのレパートリーのみを集中的に練習すること（最適化），そして，テンポの速いパートの前ではあえてゆっ

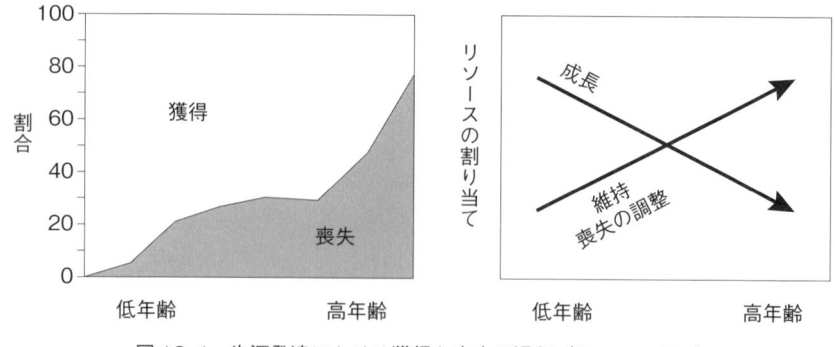

図12-4　生涯発達における獲得と喪失の過程（Baltes, 1997）

くり弾くことで，運指のスピードが衰えていない印象を与えること（補償）と答えたのであった（驚異的な記憶力を頼りに90代で上梓した自伝によると，ルービンシュタインのプロとしての演奏活動は89歳まで続いた）．

　SOCの傍証となる研究をバルテスの同僚が行っている（Krampe & Ericsson, 1996）．20代と60代のプロないしそれと同等の演奏経験をもつピアニスト，および，彼らと年齢をマッチさせたアマチュアピアニストが実験に参加した．それぞれが，コンピュータ画面に映る指示に従って片手で鍵盤を叩く単純な課題と，ピアノの演奏のように両手を使って鍵盤を叩く複雑な課題を行った．この結果，単純な課題では，プロとアマチュアの区別なく，60代より20代の反応が速かったが，複雑な課題では，60代でもプロのピアニストの反応がアマチュアよりも速いことが明らかとなった．この知見は，ピアノ演奏の**熟達**（expertise）という限定された分野で練習され高度に発達した技能が，加齢による反応スピードの低下を抑制することを示唆するものといえるだろう．

　バルテスが唱えるSOCの発想は，喪失しつつある能力の調整を目的とした他の能力の選択という点で，感情調整を目的としたポジティブな人間関係の選択を主張するカーステンセンの発想と類似している．このように人は，老化の過程において，必ずしも受動的ではなく，種々の能動的な努力をはかることで，自身の変化に適応することが可能な存在なのである．　　　　　　　　　　　［福川康之］

<用語解説>
* **超高齢社会** 国や地域は，高齢化率に基づいて高齢化社会（7〜14％），高齢社会（14〜21％），超高齢社会（21％〜）に分類されることがある．
* **孤独死** だれにもみとられずに，死亡すること．特に，一人暮らしの高齢者が自室内で死亡し，死後しばらくしてから遺体が発見されるような場合，を指す（松村・三省堂編集所，2006）
* **アーバニズム（urbanism）** 都市型の集団生活様式のこと．移動性の高さ，家族や近隣結合の弛緩，無関心な態度，非個性化などを特徴とする．

死に対する態度と人間関係

　「死」というテーマに対して「縁起が悪い」と思う人は多いかもしれないが，「人間の死亡率は100％である」という事実は変えられない．とはいえ，人口動態統計などを見る限り，現代日本においては一般的に高齢期になってから死を迎えることが多い．それでは「死」は若い世代には無関係なことであり，高齢者は刻々と迫る「自己の死」におびえながら日々を過ごしているのであろうか？
　実のところ高齢者は若い世代と比較して全般的な死への恐怖心は少なく，死が人生に対してもつ意味を考え，人生の中に死を位置づけている．すなわち，あくまでも自己の「人生」を念頭においた上での「死」であるため，たとえば，意識もなく治る見込みもない状況で，単なる身体のみの「生存」を目的とした延命医療を受けることを希望する人は少ない．むしろ終末期に際しては「リビングウィル」（「自分の命が不治かつ末期であれば，延命措置を施さないでほしい」といった旨の「尊厳死の宣言書」；日本尊厳死協会）や「事前指示書」（リビングウィルの内容に，たとえば認知症などにより自己決定が不可能になった場合に備えた代理決定人の指定を加えた書面）により死の迎え方に関する意思表示を行うことに賛同する人は多く（厚生労働省，2014），今後は葬儀や死後の財産処分に関する手配だけではなく，死に逝く過程に関する内容も含めた「終活」が一般化する可能性もある．
　他方，各種「終活」の必要性を感じる人は多くても，現状としては実際にそれを実行している人は非常に少ない．また，自己決定が不可能となった場合の代理決定人としては家族等を希望する人が多いものの（厚生労働省，2014），自己の死よりも「重要な他者の死」への恐怖心は強く，それについては考えたくないし，死に対する準備のイメージ化すらできていないという（福武他，2013；小谷，2008）．すなわち，自己の死に関しては比較的穏やかに受容している高齢者でも，配偶者や家族の死となると，それは恐ろしい，触れずにいたい事柄であるため，いざというときに代理決定できるほど相手の望む死の迎え方に関する情報をもちあわせていない可能性が高いのである．自分が先立つ立場になるのであれ，大事な人を見送る立場になるのであれ，死ぬ本人とその周囲の人の双方にとって満足な「死」を迎えるためには，身近な人との間でお互いがもつ死生観，そして人生観についてもっと知る機会をもつことが必要なのではないだろうか．

［丹下智香子］

第13章
超高齢期

　少し前に，戸籍や住民票などの公的記録に載っている高齢者の生死や居住地などの確認が取れないケースのあることが話題になった．調べてみると，計算上は200歳の高齢者まで存命していることになっていたそうだ．本章で取りあげるのは，こうした「消えた長寿者」のことではなく，真の長寿者のことである．**超高齢期**（85歳以上）には，後期高齢期以上に老化が進み，寝たきりや認知症などの問題も，一層，顕在化する．しかしながら一方で，80代でエベレスト登頂を果たした三浦雄一郎氏や，100歳を超えてなお現役医師として診察を続ける日野原重明氏のように活力に満ちた人たちもいる．超高齢期のトピックを論じることで，老年期の可能性を考えてみよう．

1　寿命と人生の第9段階

　人は何歳まで生きられるのだろうか．あらゆる生物には種に固有の**寿命**がある．一般に，飢餓への耐性が強い生物（ゾウガメなど）や，天敵の少ない大型生物（クジラなど）は長寿であるが，ヒトの寿命も劣らず長い．これは，性的に成熟し，繁殖可能になるまでに要する期間が長いことと関連するようだ（図13-1）．現在，生物としてヒトの**最大寿命**は120歳程度と考えられている（Baltes & Smith, 2002）．もっとも，これはあくまで天寿を全うした場合の個体の生存期間（**生理的寿命**）であり，病気や事故などで亡くなる可能性を考慮した寿命（**生態的寿命**）はもっと短くなるだろう．しかしながら，ヒトの平均寿命が最大寿命に近づく方向に延長していることは間違いない．実際，バルテス（Baltes, 1997）によれば，1900年におよそ45歳であったアメリカの平均寿命は，1995年には75歳に達している．ジョウン・エリクソン（Erikson & Erikson, 1997）

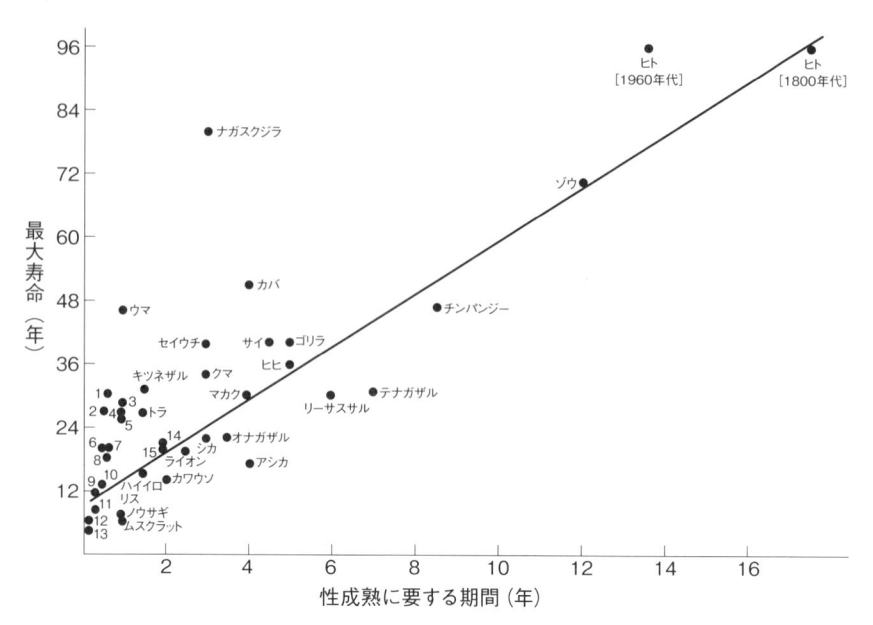

図 13-1 ほ乳類における最大寿命と性成熟に要する期間の関係 (Cutler, 1978). 図中の番号は以下の種を示す. 1. ウシ, 2. ブタ, 3. ネコ, 4. キツネザル, 5. ラマ, 6. ヒツジ, 7. イヌ, 8. ヤギ, 9. チンチラ, 10. ツチブタ, 11. シマリス, 12. キネズミ, 13. ラット, 14. コヨーテ, 15. ビーバー

が夫エリックの名高い8つの発達段階(第1章参照)に9番目の段階をつけ加える決心をしたのも，こうした近年の後期高齢者や超高齢者の人口増大が影響しているのかもしれない．彼女によれば，第8段階における発達課題が，それまでの人生を回想的に評価して，絶望したり統合性を獲得したりすることであるのに対して，超高齢期にあたる第9段階には，能力の喪失や崩壊が顕著となり「その日その日を無事に過ごせるかどうかが関心の焦点となる」．したがって，この段階においては，絶望的な回想ですら「贅沢」なことであるという．

　そう考えると，超高齢期について考える際には，単にどれくらい長く生きているかという量的な寿命ではなく，どのくらい健康で自立的な生活を送ることができているかという質的な寿命を考える必要があるだろう．世界保健機関 (WHO) は，このような観点から「日常的に介護を必要としないで，自立した生活ができる生存期間」の指標として**健康寿命** (health expectancy) という概念を提案している (Murray et al., 2000). これに関する最も新しい統計 (WHO, 2004)

によると，日本の健康寿命は男性 72.3 歳，女性 77.7 歳で，いずれも世界のトップである．それでもこれらの値は，私たちが少なくとも平均的には後期高齢期以降に自立した生活を送ることがむずかしくなることを示している．わが国の老年人口（65 歳以上人口）における超高齢期人口（85 歳以上人口）の割合は，4.1%（1970 年），7.5%（1990 年），14.0%（2012 年）と増大傾向にある（総務省統計局，2013）．それゆえ，この時期の生活の質すなわち**クオリティ・オブ・ライフ**（Quality Of Life：QOL）の向上は，老年学の分野で大変重要なテーマとなっている．

2　パーソナリティの加齢変化と老年的超越

ロバーツら（Roberts et al., 2006）は，パーソナリティ（性格）の加齢変化に関する先行研究の結果を再分析し，老年期に傾向が強まる特性（勤勉性や協調性），弱まる特性（外向性や知的好奇心），変化しない特性（情緒的安定性）があることを見いだした．パーソナリティは，老年期の適応と深く関連するから（日下，2011），個人が加齢に合わせて自己の嗜好や情緒，行動パターンなどを変容させても不思議はないだろう．実際，多くの研究で，のんき，穏やか，几帳面といったパーソナリティが長寿と関連することが指摘されている（下仲，2002）．

ジョウン・エリクソンは，これまでの人生を通じて基本的信頼感が獲得されており，生への願望や希望を所有している超高齢者は，**老年的超越**（gerotranscendence）という，この時期に適応した心理特性をもつにいたると述べている（Erikson & Erikson, 1997）．老年的超越は，スウェーデンの老年学者トルンスタム（Tornstam, 1989；2005）が提唱した概念で，無限性（死の恐怖の減少，世代継承への関心の増大など），自己（自己中心性の低下，身体的側面への囚われからの解放など），社会との関係（一人の時間の重視，社会的慣習からの解放など）の 3 側面における価値的態度（の変化）のことである．彼が行った一連の研究から，これらの傾向は概して高齢者ほど強いこと，また，**生活満足感**との正の関連が高齢者にのみ認められる（若年者や壮年者には認められない）ことが示されている（Tornstam, 2005）．

超高齢期における老年的超越の適応的意義は何だろうか．増井ら（2010）が，日本人向けに開発した老年的超越尺度を用いて調査を行ったところ，身体・社会的な生活機能が低くても**心理的安寧***が維持されている超高齢者の特徴として，

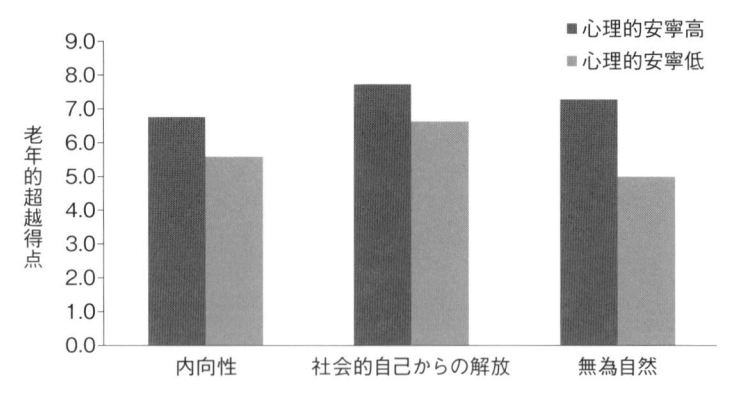

図 13-2 低生活機能超高齢者の心理的安寧と老年的超越との関連（増井他，2010 をもとに作成）

内向性（外出しなくても機嫌よく過ごせるなど），社会的自己からの解放（見栄を張らないなど），無為自然（無理をしないなど）といった老年的超越の傾向が強いことが明らかとなった（図 13-2）．このことは，超高齢期における生活機能の低下や喪失による心理的安寧への悪影響が，老年的超越により緩和される可能性を示唆するものである．権藤ら（2005）が指摘するように，超高齢者は，長寿であるがゆえに，前期・後期高齢者よりも自らの身体的社会的な老化に再適応するのに十分な時間を割くことができているのかもしれない．

3 おばあさん仮説と世代間の互恵的関係

生物集団の**生存曲線***は，図 13-3 のような 3 つのパターンに大別される（高木，2009）．Ⅰは幼少期の死亡が多いパターンで，魚類など多産な種に認められる．Ⅱは年齢にかかわらず死亡率が一定のパターンで，鳥類などに認められる．最後にⅢは，大部分の個体が平均寿命まで生きてから急速に死亡するパターンで，ヒトや大型哺乳動物のように親が子を長期間養育する種に認められる．こうしてみると，多様な生物の生活史の中では，老年期の存在が必ずしも普遍的でないことがわかるだろう．実際，老年期がなく，一度きりの爆発的な産卵を行って死ぬサケのような繁殖様式（**セメルパリティー**）も，故郷の川に何度もさかのぼって繁殖し，そのたびに子育てをするよりは，子孫を残すうえで合理的な戦略なのである．だからこそ，Ⅲに属する種にとっては，老年期をもつことに何らか

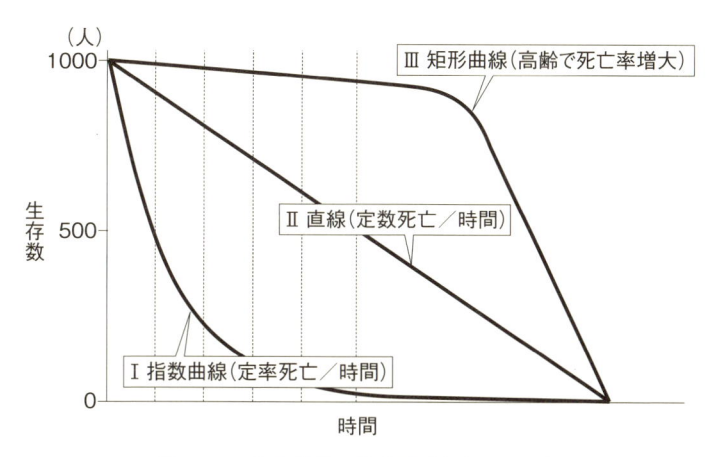

図13-3 生存曲線の模式図（高木，2009）

（グラフ内ラベル：Ⅰ 指数曲線（定率死亡／時間），Ⅱ 直線（定数死亡／時間），Ⅲ 矩形曲線（高齢で死亡率増大），縦軸：生存数（人），横軸：時間）

の繁殖上の利点のあることが推測される．特にヒト女性の場合，繁殖期の終了（閉経）後の寿命が近種の類人猿と比べて極端に長いことから（Schultz, 1969），孫育てのための祖母期の適応的機能が主張されてきた（**おばあさん仮説：grandmother hypothesis**；Hawks, 2003）．その傍証として，たとえば，長寿の祖母ほど孫の数が多いことや，母が存命の娘はそうでない娘よりも出産数が多く第一子の出産も早いことなどが示されている（Lahdenperä et al., 2004）．筆者も，日本人女性の大規模調査データを解析したところ，義母との同居が第一子の誕生を早めたり，第一子と第二子の誕生間隔を短縮したりすることが明らかになった（Fukukawa, 2013）．

ティンバーレイクら（Timberlake & Chipungu, 1992）は，①祖母にとって孫は，自分の存在（遺伝子）を次世代に伝える媒体であるだけでなく，世間話の種となったり，生活に刺激を与えたりしてくれる存在であること，②反対に，孫にとっても祖母は，困ったときにサポートしてくれたり，親との関係を取りもってくれたりする存在であること，を指摘している．このような**互恵的関係**への指向は，祖母と孫との関係ほど強くはないが，祖父と孫（Bates, 2009），あるいは血縁関係にない高齢者と子ども（上村他，2007）の間でも認められることから，少なくとも部分的には集団生活に適応してきたヒトの本質なのであろう．実際，古代社会においても，高齢者は，無力で依存的な存在ではなく，親を亡くした孫たちを養育したり，配偶者に捨てられた娘とその子どもたちに家を提供するな

ど，積極的な援助者としての役割を果たしていたからこそ，家族や社会の尊敬を得ることができていたようである（Thane, 2005）．

4　介護者と出会う

　老化による心身機能や活動能力の低下は，高齢者が自立して日常生活を営むことを困難にする．自立が損なわれた高齢者が受ける生活上のサポートが**介護**である．現在，わが国では，およそ550万人の高齢者が何らかの介護サービスを受けており，超高齢期にはサービス受給率が格段に上がる（図13-4）．もちろん，介護が必要な程度には個人差があり，すべての超高齢者が**寝たきり**状態になるわけではない．しかしながらこの時期，彼らの多くは，介護者と新たな出会いを果たすことになる．ただし，わが国における高齢者介護の主な担い手は，同居の配偶者（25.7%），同居の子（20.9%），同居の子の配偶者（15.2%），別居の家族（9.8%）で，家族への依存が高く，事業者が介護の主体であるケースは13.3%にとどまっている（厚生労働省, 2011）．したがって，老年期における介護者との出会いは，家族との関係の築き直しといった方が正確かもしれない．このような家族介護優先の原則のほか，男性よりも女性の介護従事率が高いことや，夫婦など高齢者同士の介護（**老老介護**）が増加傾向にあることも，よく指摘されるわが国の傾向である．介護者の負担（**介護ストレス**）が高いと，疲労，無気力，思

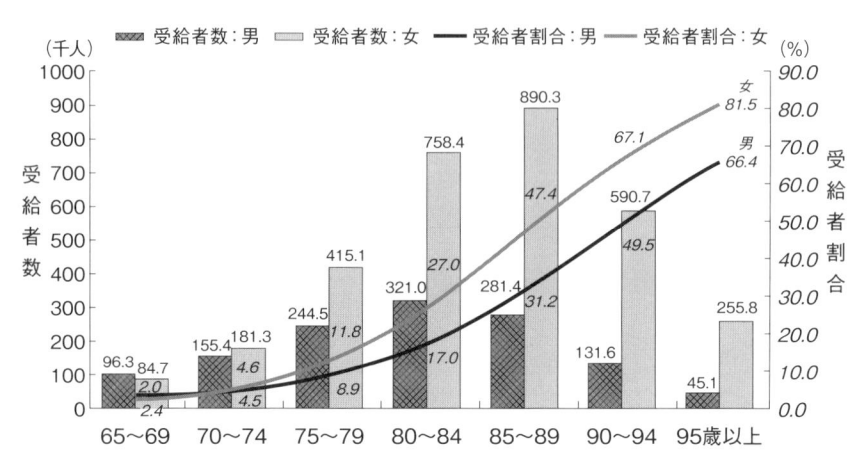

図13-4　性・年齢階級別に見た受給者数及び65歳以上人口に占める受給者数の割合（厚生労働省，2013a）

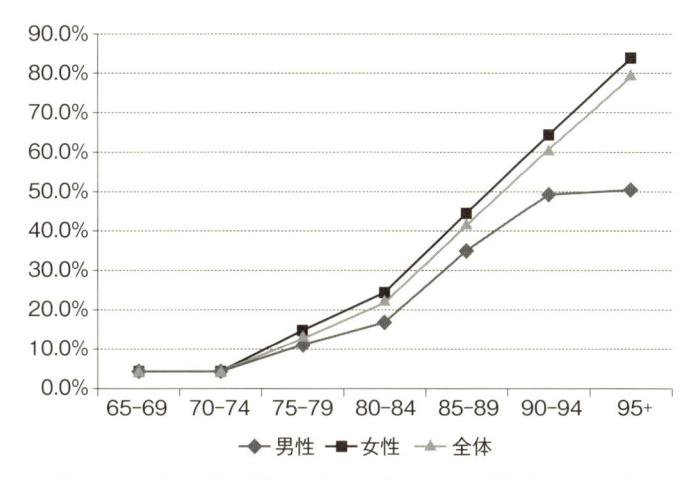

図 13-5　年齢階級別推定認知症有病率（厚生労働省，2013b）

いやりの喪失，などの**燃え尽き症状**が出現し，被介護者との良好な関係を維持することがときに困難となる．このため，介護者が被介護者と適度な距離を保ち，気分転換をしながら継続的で質の高い介護ができるように，環境を整える必要がある．**介護保険制度**の導入や**外国人介護士**の受け入れといった近年の我が国の福祉政策の目的の一つは，こうした事情を背景とした「介護の社会化」である．

　他方，**特別養護老人ホーム**，**グループホーム**といった**介護施設**において，高齢者は家族以外の他者とも出会う．施設への入居は，高齢者が自宅や病院などの慣れ親しんだ場所を離れて，新たな生活環境に適応する必要を生じさせる．このような環境変化は，高齢者にとって大きなストレスとなるが，これを軽減するのが施設職員や他の利用者との関係である．たとえば，小倉（2007）は，新規入居の高齢者が，①「慣れようがない」と不安を感じる段階（入居直後）や，②他の入居者の自立性の低さなどにショックを受ける段階（一か月後）から，③職員への信頼や親しみを感じる段階（一か月半後）や，④入居者仲間ができる段階（半年後）を経て，「先行きが安心になりました」と述べるまでにいたる過程を報告している．このように，時間の経過の中で職員や他の利用者との出会いを重ねる中で，高齢者は新たな生活環境に居場所を見いだしていくのである．

5　認知症の自分と出会う

　認知症は，脳の病的老化の総称で，アルツハイマー型，脳血管型，レビー小体型などの種類がある．現在，日本の認知症有病高齢者数は462万人と推定されており，有病率は加齢に従って増加していく（図13-5）．

　認知症の症状は多彩だが，一般に，**記憶障害**や**見当識障害**（自分のいる場所，現在の時刻や季節などがわからなくなる）といった**中核症状**と，**周辺症状**（Behavioral and Psychological Symptoms of Dementia：BPSD）と呼ばれる行動面（暴力や徘徊）と心理面（抑うつや幻覚）の問題があらわれる．病気の初期など，一定の判断力がある場合，これらの症状を自覚して，自分が自分でなくなっていくような不安を感じる人もいる（筆者の祖母も「毎日夢のなかにいるようだ」と嘆いていたものだ）．この不安は，認知症高齢者が，未知の自分と出会ったことによるものである．他方，家族も，突然，理解しがたい振る舞いを始めた親やきょうだいを別人のように感じて，対応の仕方に悩んだり，関係が悪化したりすることもあるかもしれない．

　認知症をきっかけに起こるこうした問題は，患者や家族がこの病気について正しい知識をもつことである程度抑制できる．たとえば，認知症の記憶障害は，最近の記憶（短期記憶）が損なわれる一方で，昔の記憶（長期記憶）は保たれている場合が多い．そこで，患者の長期記憶に働きかけるコミュニケーション技法として，子どものころの遊びや生活道具などを題材として体験を語り合う**回想法**（**ライフ・レビュー**）が考案されている．回想法を認知症高齢者に適用することで，意欲や発話の質量の向上，見当識障害や対人交流の改善など，さまざまな効果のあることが明らかになっている（田高他，2005）．

　この技法に初めに着目したバトラー（Butler, 1963）は，回想が，従来考えられてきたような「自分や自分史に関するおぼつかない無意味な思考」ではないと述べている．彼によれば，回想とは，高齢者が死を意識したとき，過去を振り返ることで，パーソナリティの再統合をはかる試みである．そして，過去の経験を理解し再構成する作業を通じて，人は，自らの人生に新たな意味を加えることができるという．だとすれば回想は，認知症患者が過去の自分や他者との出会いを通じて，現在の自分を取り戻していくための技法であるといえるかもしれない．

6 幸福な老いを求めて

　さまざまな喪失体験に適応しながらしあわせに年をとる過程のことを，**サクセスフル・エイジング**という（田中，2011）．老年学の分野では，サクセスフル・エイジングの達成条件に関して，**活動理論**（activity theory: Lemon et al., 1972）と呼ばれる，老年期でも壮年期と変わらない社会性や人間関係を維持すべきであるという考え方と，**離脱理論**（disengagement theory: Cumming & Henry, 1961）と呼ばれる，壮年期と同等の社会関係からは撤退するべきであるという対立的な考え方があった．そこで初期の研究では，**生活満足感やモラール***といったサクセスフル・エイジングの指標と高齢者の活動能力との関連が多く検討された．その結果，一部で活動理論を支持する知見が得られたものの，活動能力のサクセスフル・エイジングへの影響力は，性別や年齢によってまちまちであったり（Havighurst et al., 1968），健康度や社会経済的地位（収入・学歴など）の影響力が活動性と同等以上に強かったり（Larson, 1978）して，十分な結論にはいたらなかった．こうした経緯もあってか，現在，この論争は決着をみないまま収束してしまった感がある（古谷野，2008）．しかしながら，実のところ，本書でこれまで論じてきたトピックは，どれもサクセスフル・エイジングとは何かという問いに対する部分的な回答なのである．これらのトピックに関する実証的な知見を積み重ね，サクセスフル・エイジングの本質を明らかにする試みが期待される．

　他方，「理想の老い方」という観点から，サクセスフル・エイジングのあり方を考えることもできるかもしれない．たとえば，内閣府（2011）が，初老期の男女に，現在どのような点を重視して生活しているか，また，5年後はどのような点を重視して生活したいと思うかをたずねている．これを見ると，現在，仕事や事業を重視した生活をしていても，将来的にはのんびりした暮らしに移行したいと考えていること，また，趣味や勉強，家族との交流といったプライベートな側面は，将来も現在と変わらず大切にしたいと考えていることがわかる（図13-6）．この調査は5年という比較的短いスパンの見通しをたずねたものであるが，こうした見通しの先に，前期高齢期から超高齢期にいたる理想の老い方があるのかもしれない．理想の老い方の変化と生活満足感等との関連を調べることで，超高齢期のサクセスフル・エイジングを実現するための具体的方略も立てやすくなるだろう．

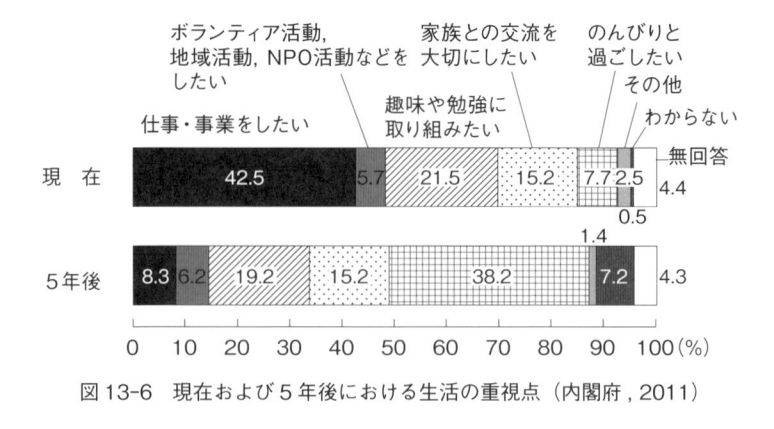

図13-6 現在および5年後における生活の重視点（内閣府, 2011）

7　エピローグ

　バルテスら（Baltes & Smith, 2002）は，近年の文化や医療，経済上の進歩が，前期高齢者や後期高齢者のサクセスフル・エイジングに貢献してきた一方で，超高齢者はそれらの恩恵を受けにくく，認知機能や活動能力の低下，孤独感の増大などを防ぐのはむずかしいと述べている．残念ながら，マスコミ等に取りあげられる一部のスーパーヘルシーな超高齢者の例を挙げる以外に，私たちはこうした悲観的な見方にはっきり抵抗するための十分な根拠をもっていない．しかしながら，ジョウン・エリクソン（Erikson & Erikson, 1997）が指摘するように，「我々の社会と我々の生活設計のなかに高齢者たちをどのように組み込むかというプログラムは，未だ充分に構想・計画されていない」のも確かである．たとえば「介護の社会化」を推進しつつあるわが国でさえ，現在，特別養護老人ホームへの入居待機者は52万人にのぼっている（厚生労働省，2013c）．このような状況，ジョウン・エリクソンの言葉でいえば「老人たちをリサイクルすることに対して充分なことをしていない」状況で，超高齢期のサクセスフル・エイジングが不可能であると早急に結論づけるべきではないだろう．

　さらに，老化に関するこれまでの研究においては，個人や集団の特徴の変化を追跡する縦断的手法よりも，食事や教育などの生活環境が異なる世代間の特徴を比較する横断的手法が用いられることが多かったことも指摘しておく．このため，得られた結果が年齢差（**加齢効果**）なのか世代差（**コホート効果**）なのか不明なまま，老化の影響が過大評価されがちだったのである（古谷野，1996）．だ

から私たちは，超高齢社会の未来をいたずらに畏れるよりも，たとえば，facebook や LINE などの SNS（social networking service）を駆使して他者と出会い続けている現代の若年世代の老年期が，バルテスがいうように孤独なものとなるのか，真剣に予想してみるべきだろう．わが国で老人福祉法（1963）が制定されて半世紀が経ち，洗練された手法に基づく老年学の知見が高齢者福祉の分野にもようやく応用され始めている．生涯発達心理学には，これらの成果を取り入れながら，人の生活史に正しく老年期を位置づける役割が期待されている．

［福川康之］

＜用語解説＞
* **心理的安寧**（psychological well-being）　自己受容，生きがいの有無，成長感などからなる，心理的側面に関する適応の指標のことである．
* **生存曲線**　あるときに産出された同種の個体群が時間経過にともないどれだけ生き残っているかを図示したものである．
* **モラール**（morale）　「心理的動揺」「老いに対する態度」「孤独感・不満感」などの下位概念からなる心理的適応の指標のことである．

日本の百寿者研究

　先進国では100歳以上の人口増加が著しい．わが国の場合は2013年の時点で，5万4397人であり，人口比率で見ると世界一である．また，2014年3月に116歳になられた大川ミサオさんは，ご存命でいるかぎり世界最高齢の女性であるし，2013年6月に116歳でお亡くなりになられた木村次郎衛門さんは，人類史上最も長生きした男性である．このような現状から，わが国は諸外国の研究者から注目されている．

　日本における百寿者研究の歴史は古い．百寿者人口が405人だった1972年に第1回目の全国調査が訪問で実施された．その当時は世界中のどこでも系統だった長寿者の調査は行われておらず，百寿者研究の先駆けの研究だったといえる．その後4回不定期に郵送での全国調査が行われた．しかし，百寿者人口が1万1346人だった2000年にその半数を母集団とした訪問調査が実施されて以降，全国調査は実施されていない．なお2002年から慶応義塾大学医学部の広瀬信義博士が中心となって全国で105歳以上の方を対象とした訪問調査を継続して行っている．

　このような全国規模の調査と平行し，小規模ながらさまざまな地域で百寿者研究は実施されてきた．その中で沖縄百寿者研究，東京百寿者研究は世界的にも知られた研究である．沖縄百寿者研究は1975年に開始され現在も引きつづき精力的に研究が行われている．白寿をもじった，百寿と呼ぶ造語は研究のリーダである鈴木信博士によって作られた．研究成果の一部は，Okinawa Programとして出版され，2001年に New York Times の best seller となり，各国語に翻訳されている．東京百寿者研究は1994年に開始され，2000年からは東京23区の全百寿者を対象とした調査が行われ，その後の前述の全国105歳調査へと発展し，現在も継続している．その他，筆者の知るかぎり，岩手県，仙台市，山口県，兵庫県淡路島，兵庫県但馬地域，伊丹市，宝塚市，木村次郎衛門さんが住んでいた京都府京丹後市，鳥取県鳥取市などで独自の百寿者調査が実施されている．

　近年は国際比較研究も盛んになってきた．2010年から東京百寿者研究はアメリカのジョージア百寿者研究と共同して心理・社会面での比較研究を開始し成果を上げつつある．また，2011年からは日本の百寿者の健康状態およびそれに影響すると考えられる利用可能な社会・個人の社会介護資源をスウェーデン，デンマーク，スイス，フランスと比較する5 country oldest old study（5COOP）の調査が実施された．また，山口県では韓国との比較を行っている．

　このように，わが国では数多くの百寿者研究が行われきたし，これからも行われるであろう．しかし，残念ながら百寿者の体力的な問題もあり心理的な要因を扱った研究が少ないのが現状である．また，問題点として比較対象群が設定されず，予後を追跡することもなく，機能状態や健康行動に関する現状を報告するのみで終了する研究が多いことが挙げられる．これらの問題を克服するために組織的かつ継続的に百寿者を対象とした研究を実施していくことが必要である．　　〔権藤恭之〕

【引用・参考文献】

(第1章)
[1] Baltes, P. B. (ed.), 1978, *Life-span Development and Behavior* (Vol. 1). Academic Press.
[2] Berk, L. E., 1999, *Infants, Children, and Adolescents* (3rd ed.), Allyn & Bacon.
[3] Bronfenbrenner, U., 1979, *The Ecology of Human Development: Experiments by Nurture and Design*. Harvard University Press.
[4] Bronfenbrenner, U. and Morris, P. A., 2006, The Bioecological Model of Human Development. In R. M. Lerner (ed.), *Handbook of Child Psychology: Vol. 1. Theoretical Models of Human Development* (6th ed.), John Wiley & Sons.
[5] Gottlieb, G., 1992, *Individual Development and Evolution: The Genesis of Novel Behavior*, Oxford University Press.
[6] Goulet, L. R. and Baltes, P. B. (eds.), 1970, *Life-span Developmental Psychology: Research and Theory*, Academic Press.
[7] Lerner, R. M., 2010, Preface. In W. F. Overton and R. M. Lerner (eds.), *The Handbook of Life-span Development: Vol. 1. Cognition, Biology, and Methods*. John Wiley & Sons.
[8] OECD（小泉英明監修，小山麻紀・德永優子訳），2010『脳からみた学習―新しい学習科学の誕生』明石書店（原著：2007）．
[9] Overton, W. F., 2010, Life-span Development : Concepts and Issues. In W. F. Overton and R. M. Lerner (eds.), *The Handbook of Life-span Development: Vol. 1. Cognition, Biology, and Methods*. John Wiley & Sons.
[10] Papalia, D. E. et al., 2003, *Child Development : A Typical Approach*. McGraw-Hill.
[11] アリエス，P.（杉山光信・杉山恵美子訳），1980『＜子供＞の誕生―アンシャン・レジーム期の子供と家族生活』みすず書房（原著：1960）．
[12] エリクソン，E. H.（小此木啓吾訳），1973『自我同一性』誠信書房（原著：1959）．
[13] 岡本夏木，1992「生涯発達心理学の課題」岩田純一他編『発達心理学』有斐閣．
[14] 小嶋秀夫，1995「生涯発達心理学の成立と現状」無藤隆・やまだようこ編『講座 生涯発達心理学－1 生涯発達心理学とは何か 理論と方法』金子書房．
[15] 藤永保，1992「発達理論」藤永保編『現代の発達心理学』有斐閣．
[16] フランクル，V. E.（山田邦男監訳），2002『意味への意志』春秋社（原著：1969）．
[17] 無藤隆，1995「現代社会の変貌と生涯発達という見方」無藤隆・やまだようこ編『講座 生涯発達心理学1－生涯発達心理学とは何か 理論と方法』金子書房．
[18] 村田孝次，1987『発達心理学史入門』培風館．
[19] 村田孝次，1992『発達心理学史』培風館．
[20] 矢野喜夫，1995「発達概念の再検討」無藤隆・やまだようこ編『講座 生涯発達心理学1－生涯発達心理学とは何か 理論と方法』金子書房．

(第2章)
[1] Berk, L. E., 1999, *Infants, Children, and Adolescents* (3rd ed.), Allyn & Bacon.
[2] DeCasper, A. J. and Spence, M. J., 2009, Lateralized Processes Constrain Auditory Reinforcement in Human Newborns. *Hearing Research*, 255, pp.135-141.
[3] Dehart, G. B., et al., 2004, *Child Development: Its Nature and Course*. McGraw-Hill.

［ 4 ］ Neisser, U., 1991, Two Perceptually Given Aspects of the Self and Their Development. *Developmental Review,* 11, pp.197-209.
［ 5 ］ Rochat, P., 2010, Emerging Self-concept. In J. B. Bremner and T. H. Wachs (eds.) *The Wiley-Blackwell Handbook of Infant Development.* 2nd. Ed. John Wiley & Sons, pp. 320-344.
［ 6 ］ Trevarthen, C. and Delafield-Butt, J., 2013, Biology of Shared Experience and Language Development: Regulations for the Intersubjective Life of Narratives. In M. Legerstee, et al., (eds.) *The Infant Mind: Origins of the Social Brain.* Guilford Press, pp.167-199.
［ 7 ］ 大倉得史，2011『育てる者への発達心理学―関係発達論入門』ナカニシヤ出版．
［ 8 ］ 大藪泰，2013『赤ちゃんの心理学』日本評論社．
［ 9 ］ 大藪泰・田口義雄，1982「乳児の行動状態に関する研究Ⅲ―出産直後の行動状態の検討」『日本新生児学会雑誌』21，pp.321-327．
［10］ 岡本依子他，2003「胎動に対する語りにみられる妊娠期の主観的な母子関係―胎動日記における胎児への意味づけ」『発達心理学研究』14，1，pp.64-76．
［11］ 鎌田久子他，1990『日本人の子産み・子育て―いま・むかし』勁草書房．
［12］ 川井尚他，1990「母親の子どもへの結びつきに関する縦断的研究―妊娠期から幼児初期まで」『発達の心理学と医学』1(1)pp.99-109．
［13］ 川上清文他，2012『ヒトはなぜほほえむのか―進化と発達にさぐる微笑の起源』新曜社．
［14］ 榊原洋一，2011「胎児期・周産期」無藤隆・子安増生編『発達心理学Ⅰ』東京大学出版会，pp.73-111．
［15］ スターン，D. N.（小此木啓吾・丸田俊彦監訳），1989『乳児の対人世界―理論編』岩崎学術出版社（原著：1985）．
［16］ 内閣府，2012『平成24年版 子ども・子育て白書』同府．
［17］ 本田和子，2010『子どもが忌避される時代』新曜社．
［18］ 明和政子，2008「身体マッピング能力の起源を探る」『ベビーサイエンス』8，pp.2-13．
［19］ 湯沢雍彦，2012『昭和後期の家族問題―1945〜88年，混乱・新生・動揺のなかで』ミネルヴァ書房．
［20］ ロシャ，P.（板倉昭二・開一夫監訳），2004『乳児の世界』ミネルヴァ書房（原著：2001）．

(第3章)
［ 1 ］ Bushnell et al., 1989, Neonatal Recognition of the Mother's Face. *British Journal of Developmental Psychology,* 7, pp.3-15.
［ 2 ］ Eilers, R. J., 1982, Cross-linguistic Perception in Infancy. Early Effects of Linguistic Experience. *Journal of Child Language,* 9, pp.289-302.
［ 3 ］ Eimas, P. D., et al., 1971, Speech Perception in Infancy. *Science,* 171, pp.303-306.
［ 4 ］ Emde, R. N. and Robinson, J., 1979, The First Two Months: Recent Research in Developmental Psychobiology and the Changing View of the Newborn. In J. Noshpitz (ed.) *Basic Handbook of Child Psychiatry.* Basic Books. pp.72-105.
［ 5 ］ Gallese, V., 2009, Mirror Neurons, Embodied Simulation, and the Neural Basis of Social Identification. *Psychoanalytic Dialogues,* 19, pp.519-536.
［ 6 ］ Legerstee, M., 2013, The Developing Social Brain. In M. Legerstee et al. (eds.) *The Infant Mind: Origins of the Social Brain.* The Guilford Press. pp.223-247.

[7] Meltzoff, A. N., 2007, 'Like-me': A Foundation for Social Cognition. *Developmental Science*, 10, pp.126-134.
[8] Meltzoff, A. N. and Williamson, R. A., 2010, The Importance of Imitation for Theories of Social-Cognitive Development. In J. B. Bremner and T. H. Wachs (eds.) *The Wiley-Blackwell handbook of Infant Development*. 2nd ed. John Wiley & Sons. pp.345-364.
[9] Morton, J. and Johnson, M., 1991, CONSPEC and CONLEARN: A Two Process Theory of Infant Face Recognition. *Psychological Review*, 98, pp.164-181.
[10] Neisser, U., 1991, Two Perceptually Given Aspects of the Self and Their Development. *Developmental Review*, 11, pp.197-209.
[11] Rochat, P., 2010, Emerging Self-concept. In J. B. Bremner and D. W. Wachs (eds.) *The Wiley-Blackwell Handbook of Infant Development*. 2nd. Ed. John Wiley & Sons. pp.320-344.
[12] Saffran, J. R., et al., 2006, The Infant's Auditory World: Hearing, Speech and Beginnings of Language. In D. Kuhn and R. S. Siegler (eds.) *Handbook of Child Psychology*. 6th ed. Vol. 2: *Cognition, Perception and Language*. Wiley. pp.58-108.
[13] Sander, L. W., 1977, The Relation of Exchange in the Infant-caretaker System and Some Aspects of the Context-content Relationship. In M. Lewis and L. A. Rosenblum (eds.), *Interaction, Conversation and the Developmental Language*. Wiley.
[14] Slater, A., et al., 2010, Visual Perception. In J. B. Bremner and D. W. Wachs (eds.) *The Wiley-Blackwell Handbook of Infant Development*. 2nd. Ed. John Wiley & Sons. pp.40-80.
[15] Stone et al., 1973, *The Competent Infant: Research and Commentary*. Basic Books.
[16] Vouloumanos, A. and Werker, J. F., 2007, Listening to Language: Evidence for a Bias for Speech in Neonates. *Developmental Science*, 10, pp.159-164.
[17] Walton, G. E. et al., 1992, Recognition of Familiar Faces by Newborns. *Infant Behavior and Development*, 15, pp.265-269.
[18] Wolff, P. H., 1987, *The Development of Behavioral States and the Expression in Early Infancy*. University of Chicago Press.
[19] アダムソン, L. B. (大藪泰・田中みどり訳), 1999『乳児のコミュニケーション発達―ことばが獲得されるまで』川島書店（原著：1995）.
[20] 大藪泰, 1992『新生児心理学―生後4週間の人間発達』川島書店.
[21] 大藪泰・田口良雄, 1985「乳児の行動状態に関する研究Ⅲ―出産直後の行動状態の検討」『日本新生児学会雑誌』21, pp.321-327.
[22] 大藪泰他, 1982「乳児の行動状態に関する研究Ⅱ―満期産新生児を対象にして」『小児保健研究』41, pp.345-350.
[23] 加藤義信, 2011「"有能な乳児"という神話」木下孝司他編著『子どもの心的世界のゆらぎと発達―表象発達をめぐる不思議』ミネルヴァ書房, pp.1-33.
[24] 川上清文他, 2012『ヒトはなぜほほえむのか―進化と発達にさぐる微笑の起源』新曜社.
[25] スターン, D. N. 1985/1989 第2章 [15] と同じ.
[26] 友永雅己他編著, 2003『チンパンジーの認知と行動の発達』京都大学出版会.
[27] バウアー, T. G. R. (鯨岡峻訳), 1982『ヒューマン・ディベロプメント―人間であること・人間になること』ミネルヴァ書房（原著：1979）.

［28］牧敦・山本由香里，2003「発達科学におけるニューロイメージングの役割—光によるニューロイメージング法を中心に」『ベビーサイエンス』3, 28-34.
［29］明和政子，2008「身体マッピング能力の起源を探る」『ベビー・サイエンス』8, pp.2-13.
(コラム)
［1］Als, H., 1992, Toward a Synactive Theory of Development: Promise for the Assessment and Support of Infant Individuality. *Infant Mental Health Journal* 3, pp.229-243.
［2］Brazerton, T. B. and Nugent, K. J., 1995, *Neonatal Behavioral Assessment Scale 3rd Ed.* Mac London, Keith Press (訳書：1998).
［3］永田雅子，2011『周産期におけるこころのケア—親と子の出会いとメンタルヘルス』遠見書房.
［4］日本デベロップメンタル研究会，2014『標準デベロップメンタルケアテキスト』メディカ出版.
［5］堀内勁他，2006『カンガルーケア—ぬくもりの子育て小さな赤ちゃんと家族のスタート』メディカ出版.

(第4章)
［1］Adamson, L. B. and Bakeman, R., 1982, Affectivity and Reference: Concepts, Methods, and Techniques in the Study of Communication Development of 6- to 18-month-old infants. In T. M. Field and A. Fogel (eds.), *Emotion and Early Interaction*. Erlbaum.
［2］Bahrick, L. E. et al., 1985, Detection of Intermodal Proprioceptive-visual Contingency as a Potential Basis of Self-perception in Infancy. *Developmental Psychology*, 21, pp.963-973.
［3］Buttleman, D., et al., 2007, Enculturated Chimpanzees Imitate Rationally. *Developmental Science*, 10, F31-F38.
［4］Grossman, T. and Johnson, M. H., 2007, The Development of the Social Brain in Infancy. *European Journal of Neuroscience*, 25, pp.909-919.
［5］Legerstee, M., 1994, Patterns of 4-month-old Infant Responses to Hidden Silent and Sounding People and Objects. *Early Development and Parenting*, 3, pp.71-80.
［6］Legerstee, M., 2013　第3章［6］と同じ.
［7］Legerstee, M., et al., 1987, The Development of Infants' Responses to People and a Doll: Implications for Research in Communication. *Infant Behavior and Development*, 10, pp.81-95.
［8］Nagell, K., et al., 1993, Process of Social Learning in the Tool Use of Chimpanzee (Pan troglodytes) and Human Children (Homo sapience). *Journal of Comparative Psychology*, 107, pp.174-186.
［9］Neisser, U., 1991, Two Perceptually Given Aspects of the Self and Their Development. *Developmental Review*, 11. pp.197-209.
［10］Reddy, V., 2003, On being the object of attention: Implications for self-other consciousness. *TRENDS in Cognitive Sciences*, 7, pp.397-402.

[11] Rochat, P., 2010, Emerging Self-concept. In J. B. Bremner and D. W. Wachs (eds.) *The Wiley-Blackwell Handbook of Infant Development*. 2nd. Ed. John Wiley & Sons. pp.320-344.
[12] Tomasello, M., 2007, Cooperation and Communication in the 2nd Year of Life, *Child Development Perspectives*, 1, 1, pp.8-12.
[13] Trevarthen, C., 1979, Communication and Cooperation in Early Infancy: A Description of Primary Intersubjectivity. In M. Bullowa (ed.), *Before Speech*. Cambridge University Press.
[14] Trevarthen, C. and Hubly, P., 1978, Secondary Intersubjectivity: Confidence, Confinding and Acts of Meaning in the Second Year. In A. Lock (ed.), *Action, Gesture and Symbol: The Emergence of Language*. Academic Press.
[15] Tronick, E., et al., 1978, The Infant's Response to Entrapment between Contradictory Messages in Face-to-face Interaction. *Journal of the American Academy of Child Psychiatry*, 17, pp.1-13.
[16] Vygotsky, L. S., 1978, Mind in Society: *The Development of Higher Psychological Processes*. Harvard University Press.
[17] アダムソン, L. B. (大藪泰・田中みどり訳), 1999『乳児のコミュニケーション発達―言葉が獲得されるまで』川島書店 (原著：1995).
[18] 大藪泰, 2004『共同注意―新生児から2歳6か月までの発達過程』川島書店.
[19] 川田学, 2011「他者の食べるレモンはいかにして酸っぱいか？―乳児期における疑似酸味反応の発達的検討」『発達心理学研究』22, pp.157-167.
[20] スターン, D. N. (小此木啓吾・丸田俊彦監訳), 1989『乳児の対人世界―理論編』岩崎学術出版社 (原著：1985).
[21] トマセロ, M. (大堀壽夫他訳), 2006『心とことばの起源を探る―文化と認知』勁草書房 (原著：1999).
[22] トマセロ, M. (松井智子・岩田彩志訳), 2013『コミュニケーションの起源を探る』勁草書房 (原著：2008).
[23] ピアジェ, J. (谷村覚・浜田寿美男訳), 1978『知能の誕生』ミネルヴァ書房 (原著：1948).
[24] レゲァスティ, M. (大藪泰訳), 2014『乳児の対人感覚の発達―心の理論を導くもの』新曜社 (原著：2005).
[25] ロシャ, P. (板倉昭二・開一夫監訳), 2004『乳児の世界』ミネルヴァ書房 (原著：2001).
(コラム1)
[1] 高谷清, 2011『重い障害を生きるということ』岩波書店.
[2] 細渕富夫, 2007『重症児の発達と指導』全障研出版部.
(コラム2)
[1] Kaye, K. and Wells, A. J., 1980, Mothers' Jiggling and the Burst-pause Pattern in Neonatal Feeding. *Infant Behavior and Development*, 3, pp.29-46.
[2] Negayama, K., 1993, Weaning in Japan: A Longitudinal Study of Mother and Child Behaviours during Milk- and Solid- feeding. *Early Development and Parenting*, 2, pp.29-37.

［3］ Wolff, P. H., 1968, Sucking Patterns of Infant Mammals. *Brain, Behavior, and Evolution*, 1, pp.354-367.

(第5章)
［1］ Ainsworth, M. D., et al., 1978, *Patterns of Attachment: A Psychological Study of the Strange Situation*. Lawrence Erlbaum Associates.
［2］ Fonagy, P., et al., 1997, The Relationship between Belief Desire Reasoning and Positive Measure of Attachment Security (SAT). *British Journal of Developmental Psychology*, 5, pp.51-61.
［3］ Harlow, H. F. and Zimmerman, R., 1959, Affectional Responses in the Infant Monkey. *Science*, 130, pp.421-432.
［4］ Meins, E., 1997, *Security of Attachment and the Social Development of Cognition*. Psychology Press.
［5］ Meins, E., et al., 1998, Security of Attachment as a Predictor of Symbolic and Mentalising Abilities: A Longitudinal Study. *Social Development*, 7, pp.1-24.
［6］ Perner, J., et al., 1987, Three-year-olds' Difficulty with False Belief: The Case for a Conceptual Deficit. *British Journal of Developmental Psychology*, 5, pp.125-137.
［7］ Rochat, P., 2010, Emerging Self-concept. In J. B. Bremner and D. W. Wachs (eds.) *The Wiley-Blackwell Handbook of Infant Development*. 2nd. Ed. John Wiley & Sons. pp. 320-344.
［8］ Tomasello, M. and Haberl, K., 2003, Understanding Attention: 12- and 18-month-olds Know What is New for Other Persons. *Developmental Psychology*, 39, 906-912.
［9］ Wimmer, H. and Perner, J., 1983, Beliefs about Beliefs: Representation and Constraining Function of Wrong Beliefs in Young Children's Understanding of Deception. *Cognition*, 13, pp.103-128.
［10］遠藤利彦，2008「共同注意と養育環境の潜在的な連関を探る」『乳幼児医学・心理学研究』17, pp.13-28.
［11］大藪泰，2013『赤ちゃんの心理学』日本評論社.
［12］大藪泰他，2012「1歳児による他者の経験知理解と共同注意」『日本心理学会第76回大会発表論文集』971.
［13］岡本夏木，1982『子どもとことば』岩波書店.
［14］木下孝司，2008『乳幼児期における自己と「心の理解」の発達』ナカニシヤ出版.
［15］木下孝司，2011「ゆれ動く2歳児のこころ」木下孝司他編『子どもの心的世界のゆらぎと発達―表象発達をめぐる不思議』ミネルヴァ書房, pp.37-63.
［16］篠原郁子，2013『心を紡ぐ心―親による乳児の心の想像と心を理解する子どもの発達』ナカニシヤ出版.
［17］瀬野由衣，2012「自他の心の世界の始まり」林創・清水由紀編著『他者とかかわる心の発達―子どもの社会性はどのように育つか』金子書房, pp.57-73.
［18］ピアジェ，J.(波多野完治・滝沢武久訳), 1967『知能の心理学』みすず書房(原著：1952).
［19］フォナギー，P.(遠藤利彦・北山修監訳), 2008『愛着理論と精神分析』誠信書房(原著：2001).

［20］ 藤田統，1977「動物における初期経験の研究と問題点」異常行動研究会編『初期経験と初期行動』誠信書房，pp.3-59.
［21］ ボウルビィ，J.（黒田実郎他訳），1976『母子関係の理論Ⅰ　愛着行動』岩崎学術出版社（原著：1969）.
［22］ ミッチェル，P.（菊野春雄・橋本祐子訳），2000『心の理論への招待』ミネルヴァ書房（原著：1997）.

（コラム）
［1］ NRC (National Research Council, Division of Behavioral and Social Sciences and Education, Committee on Educational Interventions for Children with Autism), 2001, *Educating Children with Autism*, National Academies Press.
［2］ Sameroff, A., 1987, The Social Context of Development. In N. Eisenburg (ed.) *Contemporary Topics in Development*, pp.273-291., Wiley.
［3］ ザゾ，R.（加藤義信訳），1999『鏡の心理学―自己像の発達』ミネルヴァ書房（原著：1993）.
［4］ プリザント，B. M. 他（長崎勤他訳），2010『SCERTSモデル―自閉症スペクトラム障害の子どもたちのための包括的教育アプローチ』日本文化科学社（原著：2006）.

（第6章）
［1］ Ainsworth, M., et al., 1978, *Patterns of Attachment*, Paychology Presss.
［2］ Bifulco, A., et al., 1998, Attachment Style Interview (ASI). Training Manual. *Royal Holloway*. University of London.
［3］ エリクソン，E. H.（仁科弥生訳），1977『幼児期と社会』みすず書房（原著：1950）.
［4］ 奥野修司，2012『不登校児再生の島』文藝春秋.
［5］ クラウス，M. 他（竹内徹・柏木哲訳），1979『母と子のきずな―母子関係の原点を探る』医学書院（原著：1976）.
［6］ サリヴァン，H. S.（中井久夫訳），2006『精神医学は対人関係論である』みすず書房（原著：1953）.
［7］ 角南なおみ，2013「子どもに肯定的変化を促す教師の関わりの特徴―修正版グラウンデッド・セオリー・アプローチによる仮説モデルの形成」『教育心理学研究』61，pp.323-329.
［8］ ソームズ，M. 他（平尾和之訳），2007『脳と心的世界―主観的経験のニューロサイエンスへの招待』星和書店（原著：2011）.
［9］ 高田治・瀧井由美子，2002『入所治療における学校教育との協働の試み―授業を混乱させてしまう児童の学校への適応をめざして』沢崎俊之他編著『学校臨床そして生きる場への援助』日本評論社，pp.113-139.
［10］ 西川昌弘・雨宮基博，2013「学校教育危機介入，心理面接－安全空間創成の対話法，モノグラフ2号，国際基督教大学21世紀COEプログラム」「平和・安全・共生」研究教育「心的安全空間の生成」グループ，国際基督教大学，第11章，pp.151-161.
［11］ 仁平義明，2014「子どもの"心の国語力"を育てる」子安増生・仲真紀子編著『こころが育つ環境をつくる―発達心理学からの提言』新曜社.
［12］ ピアジェ，J.（滝沢武久訳），1972『発生的認識論』白水社（原著：1970）.
［13］ 藤村宜之，2011「児童期」無藤隆・子安増生編『発達心理学Ⅰ』東京大学出版会，pp.299-314.

[14] フロイト, S.（道籏泰三訳）, 2007「自我とエス」新宮一成他編著『フロイト全集18』岩波書店, pp.1-62（原著：1923）.
[15] ボウルビィ, J.（黒田実郎他訳）, 1991『母子関係の理論 I　愛着行動』岩崎学術出版社（原著：1969, 1982）.
[16] 松沢哲郎, 2011『想像するちから』岩波書店.

(第7章)
[1] American Psychiatric Association, 2000, *Diagnostic and Statistical Manual of Mental Disorders IV -TR,* American Psychiatric Publication.
[2] Andrews, G., et al., 1993, The Defense Style Questionnaire, *The Journal of Nervous and Mental Disease,* 181, pp.246-256.
[3] Bond, M. and Vaillant, S. J.,1986, An Empirical Study of the Relationship between Diagnosis and Defense. *Archives of General Psychiatry 43,* pp.285-288.
[4] 齋藤環, 1998『社会的ひきこもり―終わらない思春期』PHP新書.
[5] 斎藤環, 2013『承認をめぐる病』日本評論社.
[6] 林もも子, 2010『思春期とアタッチメント』みすず書房.
[7] フロイト, A.（黒丸正四郎他訳）, 1995『自我と防衛』誠信書房（原著：1966）.
[8] フロイト, S.（石田雄一訳）, 2010「フモール」岩波書店（フロイト全集19. 加藤敏他訳）（原著：1927）.
[9] フロイト, S.（大宮勘一郎・加藤敏訳）, 2010「制止・症状・不安」岩波書店（フロイト全集19. 加藤敏他訳）（原著：1926）.
[10] フロイト, S.（道籏泰三訳）, 2007『自我とエス』（フロイト全集）（原著：1923）.
[11] リッヒェベッヒャー, S.（田中ひかる訳）, 2009『ザビーナ・シュピールラインの悲劇』岩波書店（原著：2005）, p.33.

(第8章)
[1] Bernstein, R. M., 1980, The Development of the Self-system during Adolescence. *Journal of Genetic Psychology,* 136, pp.231-245.
[2] Dunphy, D. C., 1963, The Social Structure of Urban Adolescent Peer Groups. *Sociometry,* 26, pp.230-246.
[3] Erikson, E. H., 1959, Identity and the Life Cycle. *Psychological Issues Monograph.* 1 (1) International Universities Press（訳書：1973）.
[4] Kimmel, D. C. and Weiner, I. B., 1995, Adolescence: A Developmental Transition. 2nd ed., John Wiley & Sons.
[5] La Greca, A. M., et al., 2001, Adolescent Peer Crowd Affiliation: Linkages with Health-risk Behaviors and Close Friendships. *Journal of Pediatric Psychology,* 26, pp.131-143.
[6] Robins, R. W., et al., 2002, Global Self-esteem across the Life Span. *Psychology and Aging,* 17, pp.423-434.
[7] 朝井リョウ, 2010『桐島, 部活やめるってよ』集英社.
[8] 岡田勉, 2014「友人関係」後藤宗理他編『新・青年心理学ハンドブック』福村出版, pp.315-325.
[9] Damon, W. and Hart, D., 1982, The Development of Self-understanding from infancy through a Dolescene. *Child Development,* 53, 841-864.

［10］ 落合良行・佐藤有耕，1996「青年期における友達とのつきあい方の発達的変化」『教育心理学研究』44，pp.55-65.
［11］ 高坂康雅，2013「青年期の発達」櫻井茂男・佐藤有耕編著『スタンダード発達心理学』サイエンス社．
［12］ 児美川孝一郎，2013『キャリア教育のウソ』筑摩書房．
［13］ 鈴木翔，2012『教室内カースト』光文社．
［14］ 総務省青少年対策本部，1999「非行原因に関する総合的研究調査（第3回）」総務庁青少年対策本部．
［15］ 詫摩武俊他，1989『羊たちの反乱―現代青少年の心のゆくえ』福武書店．
［16］ 谷冬彦，2001「青年期における同一性の感覚の構造―多次元自我同一性尺度（MEIS）の作成」『教育心理学研究』49，pp.265-273.
［17］ 谷冬彦，2014「自我・アイデンティティの発達」後藤宗理他編『新・青年心理学ハンドブック』福村出版，pp.127-137.
［18］ 内閣府，2000「第2回青少年の生活と意識に関する基本調査」＜ http://www8.cao.go.jp/youth/kenkyu/seikatu2/top.html ＞（2014年1月15日アクセス）．
［19］ 野田陽子，1999「青少年の友人関係とその変化」『青少年問題』46(9)，pp.36-41.
［20］ 福重清，2006「若者の友人関係はどうなっているのか」浅野智彦編『検証・若者の変貌―失われた10年の後に』勁草書房，pp.115-147.
［21］ 宮沢秀次，2012「青年期中期（高校生の時期）」二宮克美他編著『ガイドライン生涯発達心理学［第2版］』ナカニシヤ出版，pp.95-107.
［22］ 溝上慎一，2014「自己意識・自己形成」後藤宗理他編『新・青年心理学ハンドブック』福村出版，pp.114-126.

（コラム）
［1］ 池田幸恭，2006「青年期における母親に対する感謝の心理状態の分析」『教育心理学研究』54，pp.487-497.
［2］ 池田幸恭，2013「感謝の発達的変化と与えることの喜びを感じる生き方および人生満足度との関係」『日本発達心理学会第24回大会発表論文集』84.
［3］ 池田幸恭，2014「成人期を中心とした親に対する感謝の検討」『和洋女子大学紀要』54，pp.75-85.
［4］ 内藤俊史，2004「成長とともに身につける「ありがとう」「ごめんなさい」」『児童心理』58(13)，pp.9-13.

（第9章）
［1］ Arnett, J. J., 2000, Emerging Adulthood: A Theory of Development from the Late Teens through the Twenties. *American Psychologist*, 55, pp.469-480.
［2］ Lee, J. A., 1973, *Colours of Love: An Exploration of The Ways of Loving*. New Press.
［3］ Marcia, J. E., 1966, Development and Validation of Ego-identity Status. *Journal of Personality and Social Psychology*, 3, pp.551-558.
［4］ Sternberg, R. J., 1986, A Triangular Theory of Love. *Psychological Review*, 93, pp.119-135.
［5］ Sternberg, R. J., 1987, *The Triangle of Love: Intimacy, Passion, Commitment*. Basic Books.
［6］ 浦上昌則，1996「就職活動を通しての自己成長―女子短大生の場合」『教育心理学研究』44，pp.400-409.

［7］ 大隅香苗他，2013「大学新入生の大学適応に及ぼす影響要因の検討―第1志望か否か，合格可能性，仲間志向に注目して」『青年心理学研究』24，pp.125-136.
［8］ 大野久，1995「青年期の自己意識と生き方」落合良行・楠見孝編『講座　生涯発達心理学　第4巻　自己への問い直し―青年期』金子書房，pp.89-123.
［9］ 大野久，2000「愛の本質的特徴とその対極」『教職研究』11，pp.1-10.
［10］ 大野久，2004「初恋から始まる」無藤隆他編『よくわかる発達心理学』ミネルヴァ書房，pp.124-125.
［11］ 小塩真司，2009「悩みながら成長しよう―青年期の心理学」藤田哲也編著『絶対役立つ教養の心理学―人生を有意義にすごすために』ミネルヴァ書房，pp.137-157.
［12］ 小塩真司他，2011「大学入学時と1年後の満足度―学科選択満足度の変化と関連要因についての探索的検討」『中部大学教育研究』11，pp.23-27.
［13］ 金政祐司・大坊郁夫，2003「愛情の三角理論における3つの要素と親密な異性関係」『感情心理学研究』10，pp.11-24.
［14］ 白井利明，2013「青年期の延長」日本発達心理学会編『発達心理学事典』丸善出版，pp.294-295.
［15］ 常見陽平，2012『親は知らない就活の鉄則』朝日新聞出版.
［16］ 日本経済団体連合会，2014「新卒採用（2013年4月入社対象）に関するアンケート調査結果」.
［17］ 日本性教育協会編，2007『「若者の性」白書―第6回・青少年の性行動全国調査報告』小学館.
［18］ 原田唯行，2012「青年期後期（大学生・有職青年）」二宮克美他編著『ガイドライン生涯発達心理学［第2版］』ナカニシヤ出版，pp.109-122.
［19］ 藤井恭子，2013「恋愛関係」後藤宗理他編『新・青年心理学ハンドブック』福村出版，pp.326-338.
［20］ 溝上慎一，2009「「大学生活の過ごし方」から見た学生の学びと成長の検討―正課・正課外のバランスのとれた活動が高い成長を示す」『京都大学高等教育研究』15，pp.107-118.
［21］ 溝上慎一，2010『現代青年期の心理学―適応から自己形成の時代へ』有斐閣.
［22］ 宮沢秀次，2012「青年期中期（高校生の時期）」二宮克美他編著『ガイドライン生涯発達心理学［第2版］』ナカニシヤ出版，pp.95-107.
［23］ 宮沢秀次，2014「学校（中学校・高校・大学）の影響」後藤宗理他編『新・青年心理学ハンドブック』福村出版，pp.352-362.
［24］ 文部科学省，2013「平成25年度学校基本調査（確定値）の公表について」文部科学省　< http://www.mext.go.jp/component/b_menu/other/__icsFiles/afieldfile/2013/12/20/1342607_1.pdf >（2014年1月21日アクセス）
［25］ 若松養亮，2006「進路未決定」白井利明編『よくわかる青年心理学』ミネルヴァ書房，pp.122-123.
（コラム）
［1］ 髙坂康雅，2011「"恋人を欲しいと思わない青年"の心理的特徴の検討」『青年心理学研究』23，pp.147-158.
［2］ 髙坂康雅，2013「青年期における"恋人を欲しいと思わない"理由と自我発達との関連」『発達心理学研究』24，pp.284-294.

［3］ 国立社会保障・人口問題研究所編，2012「平成 22 年わが国独身層の結婚観と家族観—第 14 回修正動向基本調査」厚生労働統計協会．
［4］ 谷口淳一，2013「恋愛しない・できない若者たち」大坊郁夫・谷口泰富編『現代社会と応用心理学 2　クローズアップ　恋愛』福村出版，pp.82-91．

(第 10 章)
［1］ Erikson, E. H., 1959, *Identity and the Life Cycle*. Reissue ed. W. W. Norton.
［2］ Havighurst, R. J., 1953, *Human Development and Education*. Longman, Green.
［3］ Karney, B. R. and Bradbury, T. N., 1995, The Longitudinal Course of Marital Quality and Stability: A Review of Theory, Method, and Research. *Psychological Bulletin*, 118, pp.3-34.
［4］ Levinson, D. J., 1978, *The Seasons of Man's Life*. Alfled A. Knopf.
［5］ Super, D. E., 1957, *The Psychology of Careers*. Harper & Brothers.
［6］ Vaillant, G. E., 1977, *Adaptation to Life*. Little, Brown.
［7］ 岡本祐子，1985「中年期の自我同一性に関する研究」『教育心理学研究』33，pp.295-306．
［8］ 岡本祐子，1997『中年からのアイデンティティ発達の心理学—成人期・老年期の心の発達と共に生きることの意味』ナカニシヤ出版．
［9］ 岡本祐子，2002『アイデンティティ生涯発達論の射程』ミネルヴァ書房．
［10］ 岡本祐子，2006「発達臨床心理学から見た「親になれない親」の理解と援助」『母性衛生』46，pp.480-483．
［11］ 岡本祐子，2013a「「親になれない」親—虐待と放任」岡本祐子・深瀬裕子編著『エピソードでつかむ　生涯発達心理学』ミネルヴァ書房，pp.148-151．
［12］ 岡本裕子，2013b「中年期の危機」岡本祐子・深瀬裕子編著『エピソードでつかむ　生涯発達心理学』ミネルヴァ書房，pp.154-157．
［13］ 小野寺敦子，2005「親になることにともなう夫婦関係の変化」『発達心理学研究』16，pp.15-25．
［14］ 加藤司，2009『離婚の心理学—パートナーを失う原因とその対処』ナカニシヤ出版．
［15］ 国立社会保障・人口問題研究所，2013『人口統計資料集　2013 年版』< http://www.ipss.go.jp/syoushika/tohkei/Popular/Popular2013.asp?chap=0 >（2014 年 2 月 14 日アクセス）
［16］ 柴山真琴，2007「共働き夫婦における子どもの送迎分担過程の質的研究」『発達心理学研究』18，pp.120-131．
［17］ 下村英雄，2013「成人前期の発達」桜井茂男・佐藤有耕編著『スタンダード発達心理学』サイエンス社，pp.191-210．
［18］ 東京都，2013「平成 24 年　東京都人口動態統計年報（確定数）」< http://www.metro.tokyo.jp/INET/CHOUSA/2013/10/60nao100.htm >（2014 年 2 月 14 日アクセス）
［19］ 藤井恭子，2013「成人後期の発達」桜井茂男・佐藤有耕編著『スタンダード発達心理学』サイエンス社，pp.211-232．
［20］ ベルスキー，J.・ケリー，J.（安次嶺佳子訳），1995『子供をもつと夫婦に何が起こるか』草思社（原書：1994）．

(コラム)
［1］ Hansen, L. S., 2001, Integrating Work, Family, and Community through Holistic Life Planning. *The Career Development Quarterly*, 49, pp.261-274.

［2］朝井リョウ，2012『何者』新潮社．
［3］土肥伊都子他，1990「多重な役割従事に関する研究―役割従事タイプ，達成感と男性性，女性性の効果」『社会心理学研究』5，pp.137-145．
［4］ハンセン，L. S.（平木典子他監訳），2013『キャリア開発と統合的ライフ・プランニング』福村出版（原著：1997）．

（第11章）
［1］Butler, R. N. and Lewis, M. I., 1982, *Aging and Mental Health: Positive Psychosocial and Biomedical Approaches* (3rd Ed.). Mosby.
［2］Cuddy, A. J. C., et al., 2005, This Old Stereotype: The Stubbornness and Pervasiveness of the Elderly Stereotype. *Journal of Social Issues*, 61, pp.267-285.
［3］Daily, M. and Wilson, M., 1988, *Homicide*. Aldine de Gruyter.（訳書：1999）．
［4］de Beauvoir, S., 1970, *La Vieilesse*. Gallimard.（訳書：1972）．
［5］Erikson, E. H., 1959, *Identity and The Life Cycle*. International Universities Press.（訳書：2011）．
［6］Hess, T. M., et al., 2003, The Impact of Stereotype Threat on Age Differences in Memory performance. *The Journals of Gerontology B: Psychological Sciences and Social Sciences*, 58, pp.3-11.
［7］Lata, H. and Alia, L., 2007, Ageing: Physiological aspects. *JK Science*, 9, pp.111-115.
［8］Montepare, L. M., 1996, Variations in Adults' Subjective Ages in Relation to Birthday Nearness, Age Awareness, and Attitudes Toward Aging. *Journal of Adult Development*, 3, pp.193-203.
［9］Orth, U., et al., 2010, Self-esteem development from young adulthood to old age: A cohort-sequential longitudinal study. *Journal of Personality and Social Psychology*, 98, pp.645-658.
［10］Palmore, E. B., 1999, *Ageism: Negative and positive* (2nd Ed.). Springer.（訳書：2002）．
［11］Rosow, I., 1974, *Socialization to Old Age*. University of California Press.（訳書：1983）．
［12］Stevens, A. and Price, J. S., 1996, *Evolutionary Psychiatry: A new beginning* (2nd Ed.) Routledge.（スティーヴンズ，A.・プライス，J. S.（豊嶋良一監訳），2011『進化精神医学―ダーウィンとユングが解き明かす心の病』世論時報社）．
［13］Tsuboi, S., et al., 2000, The Factors Related to Age Awareness Among Middle-aged and Elderly Japanese. *Journal of Epidemiology*, 10, S56-S62.
［14］Ward, R. A., 1977, The Impact of Subjective Age and Stigma on Older Persons. *Journal of Gerontology*, 32, pp.227-232.
［15］厚生労働省，2011『国民生活基礎調査（平成22年度版）』．
［16］清水信，2000「高齢期のこころ」『老年精神医学雑誌』11，pp.1080-1081．
［17］高橋祥友，2007「高齢期の疾患の現状と心理的問題」『高齢期の心理と臨床心理学』培風館，pp.154-188．
［18］橘覚勝，1958「老年期研究」『大阪大学文学部紀要』6，pp.1-359．
［19］長谷川和夫，1989「老化」那須宗一監修『老年学事典』ミネルヴァ書房，pp.5-6．
［20］正高信男，2000『老いはこうしてつくられる』中央公論新社．
（コラム）
［1］安村誠司，2006「新しい介護保険制度における閉じこもり予防・支援」『老年社会科学』27(4)，pp.453-459．

［2］ 山崎幸子他, 2008「都市部在住高齢者における閉じこもりの家族および社会関係の特徴」『日本保健科学学会誌』11(1), pp.20-27.
［3］ 山崎幸子他, 2010「閉じこもり改善の関連要因の検討―介護予防継続的評価分析支援事業より」『老年社会科学』32(1), pp.23-32.

(第12章)
［1］ Baltes, P. B., 1997, On the Incomplete Architecture of Human Ontogeny: Selection, Optimization, and Compensation as Foundation of Developmental Theory. *American Psychologist*, 52, pp.366-380.
［2］ Carstensen, L. L., 1991, Selectivity Theory: Social Activity in Life-span Context. In K.W. Schaie, and M.P. Lawton (eds.), *Annual Review of Gerontology and Geriatrics* (vol. 11). Springer. pp.195-217.
［3］ Carstensen, L. L., 1995, Evidence for a Life-span Theory of Socioemotional Selectivity. *Current Directions in Psychological Science*, 4, pp.151-156.
［4］ Cohen, S. and Wills, T. A., 1985, Stress, Social Support, and the Buffering Hypothesis, *Psychological Bulletin*, 98, pp.310-357.
［5］ Fukukawa, Y., 2011, Solitary Death: A New Problem of an Aging Society in Japan. *Journal of the American Geriatrics Society*, 59, pp.174-175.
［6］ Gallagher, D., 1986, Therapeutic Issues in the Treatment of Spousal Bereavement Reactions in the Elderly. In. G. J. Maletta and F. J. Pirozzolo (eds.) *Assessment and treatment of the Elderly Neuropsychiatric Patient*. Praeger. pp.215-240.
［7］ Holmes, T. H. and Rahe, R. H., 1967, The Social Readjustment Rating Scale. *Journal of Psychosomatic Research*, 11, pp.213-218.
［8］ Krampe, R. T. and Ericsson, K. A., 1996, Maintaining Excellence: Deliberate Practice and Elite Performance in Young and Older Pianists. *Journal of Experimental Psychology: General*, 125, pp.331-359.
［9］ Lang, F. R. and Carstensen, L. L., 1994, Close Emotional Relationships in Late Life: Further Support for Proactive Aging in the Social Domain. *Psychology and Aging*, 9, pp.315-324.
［10］ Mendes de Leon, C. F., et al., 1994, A Prospective Study of Widowhood and Changes in Symptoms of Depression in a Community Sample of The Elderly. *Psychological Medicine*, 24, pp.613-624.
［11］ Möller, J., et al., 2011, Widowhood and the Risk of Psychiatric Care, Psychotropic Medication and All-cause Mortality: A Cohort Study of 658,022 Elderly People in Sweden. *Aging and Mental Health*, 15, pp.259-66.
［12］ Parkin, T. G., 2003, *Old Age in the Roman World: A Cultural and Social History*. Johns Hopkins University Press.
［13］ Rook, K. S. and Pietromonaco, P., 1987, Close Relationships: Ties That Heal or Ties That Bind? In W. H. Jones and D. Perlman (eds.), *Advances in Personal Relationships*, Vol. 1. JAI press. pp.1-35.
［14］ Sauvy, A., 1966, Théorie générale de la population (3rd Ed.). Presses Universitaires de France (訳書：1985).
［15］ Shanas, E., 1979, Social Myth as Hypothesis: The Case of The Family Relations of Old People. *Gerontologist*, 19, pp.3-9.

［16］Thane, P., 2005, The Age of Old Age. In. P. Thane, (ed.) *The Long History of Old Age*, Thames and Hudson, pp.9-29（訳書：2009）.
［17］Wirth, L., 1938, Urbanism as a Way of Life. *American Journal of Sociology*, 44, pp.1-24.
［18］秋山弘子，2010「長寿時代の科学と社会の構想」『科学』80, pp.59-64.
［19］朝日新聞，1970「また東京の孤独死　一週間目発見」4月16日（夕刊）.
［20］大野晃，2005『山村環境社会学序説　現代山村の限界集落化と流域共同管理』農山漁村文化協会.
［21］岡林秀樹他，1997「配偶者との死別が高齢者の健康に及ぼす影響と社会的支援の緩衝効果」『心理学研究』68, pp.147-154.
［22］厚生労働省，2011「平均寿命の国際比較」http://www.mhlw.go.jp/toukei/saikin/hw/life/life10/
［23］国立社会保障・人口問題研究所，2013「人口統計資料集」http://www.ipss.go.jp/syoushika/tohkei/Popular/Popular2013.asp?chap=0
［24］古谷野亘，1996「社会的適応パターンからみた高齢前期・後期」『老年精神医学雑誌』7, pp.475-479.
［25］坂口幸弘，2012「高齢者の死別体験とグリーフケア」『月報司法書士』488, pp.8-12.
［26］澤岡詩野，2013「後期高齢期の「居場所創り学」のすすめ―サードライフへの軟着陸のために」『生活福祉研究』83, pp.1-12.
［27］総務省統計局，2011「平成22年国勢調査」http://www.stat.go.jp/data/kokusei/2010/index2.htm#kekkagai
［28］総務省統計局，2013「統計からみた我が国の高齢者（65歳以上）―「敬老の日」にちなんで―」http://www.stat.go.jp/data/topics/topi720.htm
［29］髙橋信行，2012「ひとり暮らし高齢者の社会的孤立―地方都市，過疎地域，離島における実態」『地域総合研究』40, pp.1-17.
［30］東京都監察医務院，2013「東京都23区内における孤独死統計（平成24年）」<http://www.fukushihoken.metro.tokyo.jp/kansatsu/>
［31］内閣府，2011「第7回高齢者の生活と意識に関する国際比較調査結果」http://www8.cao.go.jp/kourei/ishiki/h22/kiso/zentai/index.html
［32］内閣府，2013「平成25年版高齢社会白書」http://www8.cao.go.jp/kourei/whitepaper/w-2013/zenbun/25pdf_index.html
［33］中西泰子，2011「老親扶養規範意識と地域特性―地域の家族構造が及ぼす影響について」稲葉昭英・保田時男編『第3回家族についての全国調査（NFRJ08）第2次報告書　第4巻　階層・ネットワーク』日本家族社会学会全国家族調査委員会，pp.99-110.
［34］福川康之・川口一美，2011「孤独死の発生ならびに予防対策の実施状況に関する全国自治体調査」『日本公衆衛生雑誌』58, pp.959-966.
［35］福川康之他，2002「中高年の社会的ネットワークの年代別特徴」『日本老年社会科学会第44回大会発表論文集』153.
［36］松村明・三省堂編集所，2006『大辞林　第三版』三省堂.
（コラム）
［1］厚生労働省，2014「終末期医療に関する意識調査等検討会報告書及び人生の最終段階における医療に関する意識調査報告書について」http://www.mhlw.go.jp/stf/shingi/0000042968.html

［2］ 小谷みどり，2008「中高年の死観―自己と大切な人の死観の比較」『日本家政学会誌』59, pp.287-294.
［3］ 日本尊厳死協会　http://www.songenshi-kyokai.com/living_will.html
［4］ 福武まゆみ他，2013「高齢者夫婦の死に対する意識と準備状況に関する研究」『川崎医療福祉学会誌』22, pp.174-184.

(第13章)

［1］ Baltes, P. B., 1997, On the Incomplete Architecture of Human Ontogeny: Selection, Optimization, and Compensation as Foundation of Developmental Theory. *American Psychologist*, 52, pp.366-380.
［2］ Baltes, P. B. and Smith, J., 2002, New Frontier in the Future of Aging; From Successful Aging of the Young Old to The Dilemmas of the Fourth Age. *Gerontology*, 49, pp.123-135.
［3］ Bates, J. S., 2009, Generative Grandfathering: A Conceptual Framework for Nurturing Grandchildren. *Marriage and Family Review*. 45, pp.331-352.
［4］ Butler, R. N., 1963, The Life Review: An Interpretation of Reminiscence in the Aged. *Psychiatry*, 26, pp.65-76.
［5］ Cumming, E. and Henry, W. E., 1961, *Growing old: The process of disengagement*. Basic Books.
［6］ Cutler, R. G., 1978, Evolutionary Biology of Senescence. In J. A. Behnke, et al.,(eds.), *The Biology of Aging*. Plenum Press. pp.311-360.
［7］ Erikson, E. H. and Erikson, J. M., 1997, *The Life Cycle Completed* (Expanded ed.). Norton & Company (訳書：2001).
［8］ Fukukawa, Y., 2013, Grandparental Investment and Reproductive Success in Modern Japanese Society. *Journal of Evolutionary Psychology*, 11, pp.35-48.
［9］ Havighurst, R. J., et al., 1968, Disengagement and Patterns of Aging. In. B. L. Neugarten (ed.) *Middle Age and Aging: A Reader in Social Psychology*. University of Chicago Press, pp.161-172.
［10］ Hawkes, K., 2003, Grandmothers and The Evolution of Human Longevity. *American Journal of Human Biology*, 15, pp.380-400.
［11］ Lahdenperä, M., et al., 2004, Fitness Benefits of Prolonged Post-reproductive Lifespan in Women. *Nature*, 428, pp.178-181.
［12］ Larson, R., 1978, Thirty Years of Research on the Subjective Well-being of Older Americans. *Journal of Gerontology*, 33, pp.109-125.
［13］ Lemon, B. W., et al., 1972, An Exploration of the Activity Theory of Aging: Activity Types and Life Satisfaction among In-movers to a Retirement Community. *Journal of Gerontology*, 27, pp.511-523.
［14］ Murray, J. L., et al., 2000, *A Critical Examination of Summary Measures of Population Health*. http://www.who.int/healthinfo/paper02.pdf
［15］ Roberts, B. W., et al., 2006, Patterns of Mean-level Change in Personality Traits across the Life Course: A Meta-analysis of Longitudinal Studies. *Psychological Bulletin*, 132, pp.1-25.
［16］ Schultz, A. H., 1969, *The Life of Primates*. University Books.

［17］ Thane, P., 2005, The Age of Old Age. In. P. Thane, (ed.) *The Long History of Old Age*, Thames and Hudson, pp.9-29（訳書：2009）.
［18］ Timberlake, E. M. and Chipungu, S. S., 1992, Grandmotherhood: Contemporary Meaning among African American Middel-class Grandmothers. *Social Work*, 37, pp.216-222.
［19］ Tornstam, L., 1989, Gero-transcendence: A Reformulation of the Disengagement Theory. *Aging*, 1, pp.55-63.
［20］ Tornstam, L., 2005, *Gerotranscendence: A Developmental Theory of Positive Aging*. Springer.
［21］ WHO（World Health Organization）, 2004, *The world health report 2004*. http://www.who.int/whr/2004/en/
［22］ 上村眞生他, 2007「世代間交流が幼児・高齢者に及ぼす影響に関する実証的研究」『幼年教育研究年報』29, pp.65-71.
［23］ 小倉啓子, 2007『ケア現場における心理臨床の質的研究―高齢者介護施設利用者の生活適応プロセス　グラウンデッド・セオリー・アプローチ』弘文堂.
［24］ 日下菜穂子, 2011「パーソナリティと適応」大川一郎他編著『シリーズ生涯発達心理学⑤エピソードでつかむ老年心理学』ミネルヴァ書房, pp.174-177.
［25］ 厚生労働省, 2011「平成22年国民生活基礎調査の概況」http://www.mhlw.go.jp/toukei/saikin/hw/k-tyosa/k-tyosa10/
［26］ 厚生労働省, 2013a「平成24年度介護給付費実態調査の概況」http://www.mhlw.go.jp/toukei/saikin/hw/kaigo/kyufu/12/index.html
［27］ 厚生労働省, 2013b「都市部における認知症有病率と認知症の生活機能障害への対応」『総合研究報告書』.
［28］ 厚生労働省, 2013c「特別養護老人ホームの入所申込者の状況」http://www.mhlw.go.jp/file/04-Houdouhappyou-12304250-Roukenkyoku-Koureishashienka/0000041929.pdf
［29］ 古谷野亘, 1996「社会的適応パターンからみた高齢前期・後期」『老年精神医学雑誌』7, pp.475-479.
［30］ 古谷野亘, 2008「サクセスフル・エイジング」古谷野亘・安藤孝敏編著『改訂・新社会老年学』ワールドプランニング, pp.139-162.
［31］ 権藤恭之他, 2005「超高齢期における身体的機能の低下と心理的適応」『老年社会科学』27, pp.327-337.
［32］ 下仲順子, 2002「超高齢者の人格特徴」『老年精神医学雑誌』13, pp.912-920.
［33］ 総務省統計局, 2013「日本の統計2013」http://www.stat.go.jp/data/nihon/02.htm
［34］ 高木由臣, 2009『寿命論　細胞から「生命」を考える』NHKブックス.
［35］ 田髙悦子他, 2005「認知症高齢者に対する回想法の意義と有効性―海外文献を通して」『老年看護学』9, pp.56-63.
［36］ 田中真理, 2011「サクセスフル・エイジング」大川一郎他編著『シリーズ生涯発達心理学5エピソードでつかむ老年心理学』ミネルヴァ書房, pp.182-185.
［37］ 内閣府, 2011「平成24年度団塊の世代の意識に関する調査」http://www8.cao.go.jp/kourei/ishiki/h24/kenkyu/gaiyo/index.html
［38］ 増井幸恵他, 2010「心理的well-beingが高い虚弱超高齢者における老年的超越の特徴」『老年社会科学』32, pp.33-46.

【索　　引】

BPSD ······················· 152
Like-me 仮説 ················· 31
MEIS ······················· 94
Mind-Mindedness ·········· 56

■あ行

アーバニズム ············ 136, 143
アイデンティティ ········ 98, 125
アイデンティティ葛藤型 ······ 116
アイデンティティ地位 ········ 106
アイデンティティの感覚 ······· 93
アイデンティティのための恋愛 ··· 104
愛の三角理論 ··············· 103
アガペ型 ··················· 103
遊び ······················· 49
アタッチメント ············ 23, 54
アタッチメント・システム ··· 62, 69
アタッチメント関係 ··········· 61
アタッチメント行動 ··········· 29
アタッチメント対象 ······ 63, 65, 73
アフォーダンス ·········· 130, 132
アロマザリング ··············· 14
安心感を供給する基地 ········· 64
安心なアタッチメント ········· 69
安心なアタッチメント関係 ·· 63, 73
安全基地 ··················· 54
安全な避難場所 ··············· 64
安定型 ····················· 55
アンビヴァレント/抵抗型 ······· 55

家制度 ····················· 16
怒り-拒否型 ················· 66
いじめ ····················· 78
異性関係 ··················· 101
依存欲求 ··················· 75
意図 ···················· 39, 41
意図模倣 ··················· 42
意図理解 ··················· 45
意味 ················ 11, 33, 44

意味共有 ··················· 50
意味制約 ··················· 49
意味世界 ················ 12, 45
意味創出 ··················· 49
インプリンティング ······· 54, 58

氏か育ちか ·················· 2
乳母 ······················· 16
産声 ······················· 20

エイジズム ················· 127
エセ愛他性（pseudo-altruism）··· 81
エピジェネシス ··············· 21
エロス型 ··················· 102
延滞模倣 ··················· 48

追いかけ反射 ··············· 30
老いの自覚 ················· 124
横断調査 ················ 92, 95
置き換え ··················· 78
恐れ型 ····················· 66
おばあさん仮説 ············· 149

■か行

介護 ····················· 150
外国人介護士 ··············· 151
介護施設 ··················· 151
介護ストレス ··············· 151
介護の社会化 ··············· 151
介護保険制度 ··············· 151
蓋然的後成説 ················ 10
回想法 ··················· 152
概念的自己 ··················· 30
海馬 ······················· 3
回避型 ····················· 55
家族主義 ··················· 137
家族の病気 ················· 124
価値観 ··················· 115
葛藤 ···················· 18, 57

活動理論 ･････････････････････ 153
加齢効果 ･････････････････････ 154
感覚運動期 ････････････････ 42, 45
感覚機能の衰え ･･････････････ 124
カンガルーケア ･･･････････････ 34
関係論 ･･････････････････････ 3, 10
還元主義 ････････････････････････ 3
間主観性 ･･････････････････ 32, 33
感受性 ･････････････････････････ 56
感情の隔離 ･･････････････････････ 79
完態 ･･･････････････････････････ 2

記憶障害 ････････････････････ 152
器官形成期 ･･････････････････ 21
危機 ･････････････････････････ 5
奇形 ･････････････････････････ 21
機能的磁気共鳴画像 (fMRI) ･･ 33
基本的信頼感 ････････････ 5, 74, 83
客我 ･････････････････････････ 90
キャリア・ウーマン ･･････････ 17
キャリア形成 ･･･････････････ 129
ギャング・エイジ ･･･････････ 68, 70
吸綴運動 ･････････････････････ 23
鏡映 ･･････････････････････ 35, 36
境界線 ･･･････････････････････ 79
共感的応答 ･･･････････････････ 65
教室内カースト ･･･････････････ 88
鏡像 ･･････････････････････････ 50
鏡像自己感 ････････････････････ 50
鏡像認知 ･････････････････････ 42
共同注意 ･･･････････････････ 39, 42
共鳴 ･････････････････････ 30, 35
協力の動機 ･･･････････････････ 40
近赤外線分光法 ･･･････････････ 29

クオリティ・オブ・ライフ ････ 147
具体的操作期 ･････････････････ 61
クラウド ･････････････････････ 88
クリーク ･････････････････････ 88
グループホーム ･････････････ 151

経済的安定 ･･････････････････ 118
形式的操作期 ･････････････････ 61

結婚生活満足感 ･････････････ 112
限界集落 ･･･････････････････ 136
原会話 ･････････････････････････ 35
健康寿命 ･･･････････････････ 146
言語音 ･････････････････････････ 28
見当識障害 ･････････････････ 152

語彙能力 ････････････････････････ 3
高覚醒期 ･･････････････････････ 26
後期高齢期 ･････････････････ 134
合計特殊出生率 ････････ 15, 23, 114, 121
後世説 ･････････････････････････ 10
構築主義 ･･････････････････ 127, 132
行動化 (acting out) ･････････････ 76
行動的自己 ･･･････････････････ 91
更年期障害 ････････････････････ 120
合理化 ･････････････････････････ 78
高齢化率 ･････････････････････ 134
高齢者としてのアイデンティティ ･･ 126
互恵の関係 ･･･････････････････ 149
心の理論 ･････････････････････ 51
誤信念 ･･････････････････････ 51
誤信念課題 ･･････････････････ 51
子育ての終了 ･･･････････････ 127
個体能力論 ････････････････････ 9
子宝 ････････････････････････ 16
孤独死 ･････････････････ 136, 143
ことば ･････････････････････ 48, 49
子どもとのトラブル ････････ 124
子どもの送迎負担 ･･････････ 118
コホート効果 ･･････････････ 154
コミットメント ････････････ 103
コミュニケーション ･････ 30, 38
コンサルテーション ････････ 69
コンスペック ････････････････ 28
コンラーン ･･････････････････ 28

■さ行

最大寿命 ･･･････････････････ 145
最長寿国 ･･･････････････････ 136
作業モデル ･･････････････････ 66
サクセスフル・エイジング ･･ 153
サリーとアン課題 ･････････････ 52

索引

三項関係 ……………………… 14, 19

ジェンダー・アイデンティティ …… 102, 108
自我 ……………… 5, 57, 63, 70, 73, 74, 90
視覚 ……………………………… 27
視覚選好法 ……………………… 23, 27
自我同一性 ………………………… 6
自我の発見 ………………………… 94
自己 ……………………………… 90
自己愛 …………………………… 80
自己意識 ………………………… 51
自己概念 ………………………… 91
自己感 ………………………… 30, 42
自己感覚 ………………………… 23
自己実現 ………………………… 17
自己実現欲求 ……………………… 4, 13
自己受容感覚 ……………………… 37
自己成長 ………………………… 108
自己組織化 ……………………… 9, 13
自己組織化システム ……………… 10
システム ……………………… 9, 10
自然選択 ……………………… 2, 13
自尊感情 ……………………… 92, 128
実存 ……………………………… 74
実存的孤独 ……………………… 81
実存的不安 ……………………… 75
児童心理学 ………………………… 1
児童福祉施設 ……………………… 71
児童福祉法 ……………………… 97
自発的微笑 ……………………… 29
自分がかかわろうとする相手の範囲 …… 89
自閉の空想 ……………………… 79
死別 …………………………… 138
社会化 ………………………… 26, 33
社会情緒的選択理論 ……………… 140
社会人基礎力 …………………… 106
社会的孤立 ……………………… 139
社会的参照 ……………………… 40, 45
社会的自己 ……………………… 91
社会的な性 ……………………… 102
社会的認知 ……………………… 32, 33
社会的ネットワーク ……………… 140
社会的脳 ……………………… 32, 35

社会的微笑 ……………………… 29
終活 …………………………… 134
就職活動 ……………………… 105
縦断調査 ……………………… 107, 108
縦断的調査 ……………………… 99
集団同一性 ……………………… 68, 70
周辺症状 ……………………… 152
主我 ……………………………… 90
主観的な年齢 …………………… 123
熟達 …………………………… 142
受験偏差値 ……………………… 101
受精卵 …………………………… 20
出産 …………………………… 129
寿命 …………………………… 145
馴化-脱馴化法 ………………… 23, 27
生涯発達心理学 …………………… 1, 2
生涯未婚率 ……………………… 110
少子化 ……………………… 98, 113
少子高齢化社会 ………………… 15
象徴 …………………………… 49
象徴遊び ……………………… 49
情動 ………………… 12, 30, 35, 36, 57
情動共鳴 ……………………… 12, 37
情動共有 ……………………… 45
情動システム …………………… 62
情動調整 ……………………… 73
情動調律 ……………………… 35, 36
情動的な相互作用 ……………… 36
情熱 …………………………… 103
情報提供の指さし ……………… 40
叙述の指さし …………………… 40
所属集団 ……………………… 75
進化論 ……………………… 2, 13
信号行動 ……………………… 54
新生児 ………………………… 26
新生自己 ……………………… 22, 30, 33
新生児模倣 ……………………… 31
身体自己感 ……………………… 36
身体的自己 ……………………… 91
身体離脱的経験 ………………… 51
シンボル ……………………… 49
親密性 ………………………… 103
親密性の獲得 ……………………… 104

心理-社会的 …………………………… 5
心理-社会的危機 ……………………… 5
心理社会的ストレス ………………… 138
心理-性的 ……………………………… 5
心理的安寧 ……………………… 148, 155
心理的自己 …………………………… 92
心理的ストレス ……………………… 127
進路 …………………………………… 87
進路指導 ……………………………… 107
進路選択に対する自己効力 ………… 107
進路未決定 …………………………… 106

スクールカースト …………………… 88
スケープ・ゴート …………… 68, 70, 78
ステレオタイプ脅威 ………………… 127
ストルゲ型 …………………………… 103
ストレーター ………………………… 87
ストレンジ・シチュエーション法 … 55, 58
スマーティ課題 ……………………… 52

生活習慣の変化 ……………………… 124
生活の質 ……………………………… 147
生活満足感 ……………………… 147, 153
静観能力 ……………………………… 37
静止した顔の実験 …………………… 38
正常自閉 ……………………………… 25
正常老化 ……………………………… 123
成人形成期 …………………………… 98
精神分析 ……………………………… 25
精神分析学 …………………………… 63
生成 ……………………………………… 4, 13
生存可能胎齢 ………………………… 22
生存曲線 ………………………… 148, 155
生態学的自己 ……………… 22, 30, 33, 37
生態学的システム理論 ………………… 7
生態環境 ……………………………… 7, 9
生態システム …………………………… 7
生態的寿命 …………………………… 145
性的満足感 …………………………… 112
制約 …………………………………… 32
性役割観 ………………………… 115, 121
生理的寿命 …………………………… 145
生理的欲求 …………………………… 4, 13

世界の自明性 ………………………… 74
セメルパリティー …………………… 148
前期高齢期 ……………………… 123, 132
前成説 ………………………………… 2
前操作期 ……………………………… 48, 58
専門学校 ……………………………… 98

創造価値 ………………………… 12, 13
創造力 ………………………………… 3
創発性 ………………………………… 11
ソーシャル・サポート ……………… 139

■た行

第1次間主観性 ……………………… 35
第2次間主観性 ……………………… 39
胎芽期 ………………………………… 21
大学全入時代 ………………………… 98
大学適応感 …………………………… 99
体験価値 ………………………… 12, 13
胎児期 ………………………………… 22
対人自己感 …………………………… 36
対人的自己 …………………………… 36
胎動 …………………………………… 19, 22
態度価値 ………………………… 12, 13
第二次性徴 ………………… 85, 94, 102
対面的共同注意 ……………………… 39
多次元自我同一性尺度 ……………… 94
他者感 ………………………………… 42
他者の経験知 ……………………… 52, 54
タブラ・ラサ ………………………… 1
短期大学 ……………………………… 98
探索行動 ……………………………… 53
探索システム ………………………… 62

チェッキング行動 …………………… 40
知命 …………………………………… 120
着床 …………………………………… 20
チャム ………………………… 68, 70, 79
中核症状 ……………………………… 152
抽象化 ………………………………… 91
中枢神経系 ……………………… 21, 23
中年期危機 …………………………… 120

中年期のアイデンティティ再体制化のプロセス･･････････････････････････････ 120
超音波画像 ･････････････････････ 18, 23
超音波断層法 ･･････････････････････ 20
聴覚 ････････････････････････････ 28
超高齢期 ･････････････････････････ 145
超高齢社会 ･････････････････ 134, 143
超自我 ･･･････････････････ 63, 70, 73, 82

定位行動 ･････････････････････････ 54
定年退職 ････････････････････････ 127
適応的な防衛機制 ･････････････････ 80

同一化 ･･････････････････････････ 68
道具 ････････････････････････････ 44
統合化 ･･････････････････････････ 91
動作模倣 ･････････････････････････ 41
等至性 ･･････････････････････････ 10
同調圧力 ･･･････････････････ 78, 83
動物行動学 ･･････････････････････ 53
道路交通法 ･･････････････････････ 97
特別養護老人ホーム ･･････････････ 151
とらわれ型 ･･･････････････････････ 66

■な行

内省機能 ････････････････････････ 56
内的作業モデル ･･････････････ 55, 67
仲間志向性 ････････････････････ 100
仲間集団 ････････････････････････ 88
泣き ････････････････････････････ 26
悩み ････････････････････････････ 86

2重接触 ･････････････････････ 22, 30
日常生活動作 ･･････････････････ 139
乳児の他者感 ･･････････････････ 37
ニューロイメージング法 ･･･････････ 29
ニューロン ･･･････････････････ 3, 13
人間関係 ････････････････････････ 11
妊娠中毒 ････････････････････････ 20
認知革命 ･････････････････････････ 26
認知症 ･････････････････････････ 152
認知発達理論 ･･････････････････ 61
妊婦 ････････････････････････････ 18

寝たきり ･･･････････････････････ 150
眠り ･･････････････････････････ 26
年齢差別 ････････････････････････ 127

能動的様相間マッピング ･････････････ 31

■は行

把握反射 ････････････････････････ 22
パーソナリティ ････････････････ 147
発達科学 ･････････････････････････ 8
発達課題 ･･････････････････ 4, 11, 146
話しことば ････････････････････ 29
万能感 ･･････････････････････ 74, 79

ひきこもり ･･････････････････････ 79
非行 ････････････････････････････ 76
非合法な薬物 ･･･････････････････ 88
微笑 ･････････････････････････ 22, 29
額押し模倣 ･･････････････････････ 41
悲嘆ケア ･･･････････････････････ 138
悲嘆反応 ･･･････････････････････ 138
ひっこみ型 ････････････････････ 66
人との関わり方に関する姿勢 ･････ 89
否認 ････････････････････････････ 79
表象 ･････････････････････････ 31, 48
表象能力 ････････････････････････ 42
病的老化 ･･･････････････････････ 123

不安なアタッチメント関係 ･･･････ 63, 69, 74
普通離婚率 ･････････････････････ 111
プラグマ型 ･････････････････････ 103
ふり遊び ････････････････････････ 48
ブレイン・サイエンス ･････････ 3, 13
プロソディ ･･････････････････････ 23
不惑 ･･････････････････････････ 120
文化 ･･･････････････ 8, 44, 45, 49, 91
文化物 ･･････････････････････････ 12

平均初婚年齢 ･･････････････････ 110

防衛機制 ･････････････････････ 72, 83
防衛機能 ････････････････････････ 75
封建制度 ･････････････････････････ 16

母子未分化型 ················· 116
補償をともなう選択的最適化 ········ 141
母性的行動 ··················· 19
ホルモンバランスの変化 ·········· 120

■ま行

マクシ課題 ··················· 51
まどろみ ················· 29, 33
マニア型 ···················· 103

未決心型 ···················· 106
未熟型 ······················ 116
ミラーニューロン ··············· 32
民法 ························ 97

無関心型 ···················· 116
無秩序/無方向型 ················ 55

目覚め ······················ 26
メンター ····················· 64

燃え尽き症状 ················· 151
目的論 ······················ 10
モジュール ···················· 32
模倣 ···················· 36, 40
モラール ················ 153, 155
モラトリアム ············· 106, 108

■や行

役割喪失 ···················· 127

優柔不断型 ··················· 106
友人関係の希薄化 ··············· 90
有配偶女性の年齢別出生率 ········ 114
有配偶離婚率 ················· 111
誘発的微笑 ··················· 29
指さし ··················· 40, 44

要請の指さし ·················· 40
抑圧 ························ 78
四年制大学 ··················· 98

■ら行

ライフ・レビュー ·············· 152
ライフイベント ················ 138
ライフサイクル ············· 18, 60
卵体期 ··················· 20, 21

離婚 ······················· 111
リジリエンス ·················· 64
リスクテイキング行動 ········ 88, 94
離脱理論 ···················· 153
領域特殊 ····················· 32

ルージュ課題 ·················· 50
ルダス型 ···················· 103

レム睡眠 ················· 29, 33
恋愛関係 ···················· 101
恋愛の色彩理論 ················ 102

老化 ······················· 123
老親扶養意識 ················· 137
老成自覚 ···················· 124
老年的超越 ··················· 147
老年病 ····················· 123
老老介護 ···················· 150

■わ行

若者の離婚率 ················· 112

人間関係の生涯発達心理学

平成 26 年 9 月 20 日　発　行

著作者　大藪　　泰
　　　　林　　もも子
　　　　小塩　真司
　　　　福川　康之

発行者　池田　和博

発行所　丸善出版株式会社
〒101-0051　東京都千代田区神田神保町二丁目 17 番
編集：電話(03)3512-3264／FAX(03)3512-3272
営業：電話(03)3512-3256／FAX(03)3512-3270
http://pub.maruzen.co.jp/

© Yasushi Oyabu, Momoko Hayashi, Atsushi Oshio,
Yasuyuki Fukukawa, 2014

組版印刷・株式会社 日本制作センター／製本・株式会社 星共社

ISBN 978-4-621-08859-3 C3011　　Printed in Japan

JCOPY〈(社)出版者著作権管理機構 委託出版物〉
本書の無断複写は著作権法上での例外を除き禁じられています．複写される場合は，そのつど事前に，(社)出版者著作権管理機構(電話 03-3513-6969，FAX 03-3513-6979，e-mail：info@jcopy.or.jp)の許諾を得てください．